Larry Verstraete

Coop, der Held

Roman

Deutsch von Michael Raab

Little Tiger Books

Für Benji, Bernie, Freckles, Roxy, Lilah, Hayley,
Molly und all die anderen großartigen Hunde,
die ich gekannt und geliebt habe

Prolog

Einmal sah ich einen Beitrag auf *Animal Planet.* Mein damaliger Besitzer blieb beim Zappen nur selten auf *Animal Planet* hängen. Meistens schaute er Sport, vor allem Catchen, sofern man das als Sport bezeichnen kann. Aber an jenem Tag lief nicht viel im Fernsehen. In der Sendung gab es einen Hund. Ich hielt ihn für einen Mischling, wahrscheinlich einen Cockerspaniel mit einem kleinen Anteil Schäferhund. Rassen kann ich ziemlich gut unterscheiden, da ich selbst ein Hund bin. Noch dazu ein erfahrener. Ich lebe schon ewig lange in unzähligen Häusern oder Tierheimen.

Doch zurück zu der Reportage. Kopf und Brust des Hundes waren über Kabel mit einer Konsole verbunden. Eine Frau mit weißem Kittel zeigte ihm Fotos. Auf einem lächelte ein Mann. Auf einem anderen runzelte er die Stirn. Auf einem dritten schrie er anscheinend irgendetwas. Bei jedem Foto notierte ein Mann, der ebenfalls einen weißen Kittel trug, Zahlen, die auf einem Computer-Bildschirm aufblinkten. Im Kommentar wurde erklärt, diese Leute seien Wissenschaftler. Sie erforschten, ob Hunde einzelne Gesichter bevorzugten.

Seit Urzeiten machen sich Menschen Gedanken über Hunde. Könnte ich sprechen, hätte ich diesen Wissenschaftlern viel Zeit erspart. Wir mögen lächelnde Gesichter lieber als wütende oder verzweifelte, und die meisten von uns sind weit klüger, als die Leute glauben. Zugegeben, es gibt auch dämliche Hunde. In jeder Rasse, genau wie bei den Menschen. Aber die meisten Hunde sind hochintelligent. Wir sind den Menschen in vielem überlegen, nehmen Gerüche und Geräusche besser wahr und können Gedanken lesen.

Na ja, Gedanken lesen wir eigentlich nicht, aber wir sind sehr gut darin, Hinweise zu entschlüsseln. Gesten. Gesichtsausdrücke. Tonfälle. Und wir riechen alles. Dieses Material sammeln wir blitzschnell. Und gelangen zu Schlussfolgerungen. Genau genommen unterscheiden wir uns gar nicht so sehr von den Wissenschaftlern mit ihren neumodischen Geräten. In der Sendung auf *Animal Planet* hielten sich die Experten für besonders clever. Aber das Wesentliche entging ihnen. Sie lernten zwar etwas über das Gehirn des Hundes, doch über das, was wirklich zählt, haben sie nichts herausgefunden. Nichts über die Gefühle des Hundes. Nichts über seinen Charakter. Nichts über sein Schicksal.

Viele Leute weigern sich anzuerkennen, dass ein Hund mehr ist als ein primitives Tier. Von wegen. Selbst ein so kleiner Kerl wie ich ist zu Großem fähig.

So habe ich nicht immer gedacht. Meine Haltung dem Leben gegenüber war lange Zeit verbittert, aber das änderte sich von einem bestimmten Moment an.

All das begann in Derby, an einem Samstag, der wie ein ganz gewöhnlicher Samstag angefangen hatte.

1. Kapitel

In meiner letzten Nacht im Tierheim von Derby konnte ich nicht schlafen. Nicht nur weil es wegen meines Zimmergenossen Buck nach Pisse stank. Und auch nicht nur wegen des flackernden und brummenden Neonlichts, das unheimliche Schatten auf den kalten Betonboden warf.
Ganz oben auf der Liste der Gründe, die mir den Schlaf raubten, stand der Gedanke an den Morgen. Ein weiterer Tag der offenen Tür. Wieder Besucher, die im Gebäude herumschwärmen und eifrig nach einem für sie geeigneten Hund suchen. Nicht zu alt. Nicht zu klein. Auf keinen Fall zu fett. Aufgeweckt musste er sein und etwas ganz Eigenes haben. Die Liste war endlos.
Im Tierheim von Derby wurde niemand eingeschläfert. Mehr als ein Dutzend Hunde lebten dort. Manche hatten sich verlaufen und waren auf der Straße aufgegriffen worden. Andere wie mich hatten ihre Besitzer loswerden wollen. Neben uns Hunden gab es im Gebäude hinter einer Betonwand zig Millionen Katzen. Ich übertreibe natürlich, doch bei dem permanenten Gejaule musste es eine Unmenge sein. Wahrscheinlich eher dreißig oder vierzig. In jedem Fall zu viele.
Jeden Samstag durchstreiften Besucher das Tierheim. Viele schauten kurz bei mir herein, schüttelten den Kopf und lie-

ßen Bemerkungen fallen, als ob ich sie nicht hören könnte. Schlimmer noch, viele lachten. „Schaut! Ein Wiener Würstchen! Eine wandelnde Wurst! Eine Zwergenwurst! Haha!"
Mir war klar, was die Besucher meinten. Mit ihrem höhnischen Grinsen, Kichern, Fingerzeigen, Augenrollen und den gegenseitigen Ellbogenstößen. Was es hieß, lächerlich gemacht zu werden, wusste ich nur allzu gut.
Ruth, eine nicht sehr große, fröhliche Frau mit geflochtenen Haaren, führte die Besucher herum und versuchte, auch für mich etwas Werbung zu machen. „Er heißt Cooper und ist ein kleiner Dackel. Dackel sehen vielleicht etwas seltsam aus, sind aber wunderbare Haustiere."
Ein wunderbares Haustier. Ich? Machst du Witze?
Die ganze Nacht schnarchte Buck wie eine Kreissäge. Er war ein Neuankömmling, fast noch ein Welpe. Als ich ihm die Spielregeln erklärte, starrte er mich mit glasigem Blick an. Es war schnell klar, dass Buck zwar lange Beine und tolles braunes Fell mit weißen Flecken hatte, jedoch nichts im Kopf. Ein absoluter geistiger Tiefflieger. Und ein Dauerpisser.
Als die ersten Besucher eintrafen, stolzierte Buck vor dem Fenster herum, das unseren Raum vom Flur trennte. Ich ließ mich in der Ecke auf meine Decke fallen, und mir war vor Müdigkeit alles egal.
Innerhalb weniger Minuten blieb ein Ehepaar mit zwei Kindern stehen. Buck wedelte mit dem Schwanz und tänzelte angeberisch herum. Eine Rampensau.
Der Junge klopfte gegen das Fenster. Das Mädchen zog die Frau am Ärmel. Sie schüttelte den Kopf und zuckte dann mit den Achseln. Stieß ihren Mann an. Er beugte sich zu Ruth und sagte etwas.
Als Ruth die Tür öffnete und Buck in den Flur führte, warf sie mir einen kurzen Blick zu und schüttelte den Kopf:

„Vielleicht nächstes Mal, Cooper."
Von wegen.
Das kleine Mädchen strich über Bucks seidiges Fell. „Ist der süß." Sie war hellauf begeistert.
„Bitte", flehte der Junge, „dürfen wir ihn behalten?"
„Wenn du versprichst, auf ihn aufzupassen", antwortete die Frau.
Sie erinnerten mich an meine letzten Besitzer. Als die mich mitnahmen, waren sie auch glücklich und zufrieden. Hielt nicht lange. Einen Monat.
Ich verdrängte die schlimmen Erinnerungen. Bloß nicht dran rühren. Stattdessen tat ich, als freue ich mich für Buck. Wedelte mit dem Schwanz und lief um ihn herum.
„Du wirst Buck sicher sehr vermissen?", fragte Ruth.
Nicht unbedingt.
Das konnte ich ihr natürlich nicht mitteilen, jedenfalls nicht verbal. Und der Familie nicht, was sie sich da einhandelten. Blöd. Blöder. Saublöd.
Um die Mittagszeit kamen kaum noch Leute. Nur vereinzelte Besucher liefen an meinem Fenster vorbei. Bis gar keiner mehr da war. Im Flur kehrte Ruhe ein. Ich schlief, erschöpft nach meiner sorgenvoll durchwachten Nacht.
Dann hörte ich, wie etwas aufgeschlossen wurde. Weiter unten im Flur öffnete sich schrill eine Tür. Von überall her erklang Gebelle und Geheule.
Zwei Gestalten schlurften heran. Ruth und ein riesiger alter Mann. Er überragte Ruth so sehr, dass er sich beim Sprechen zu ihr herabbeugen musste. Sie lugten durch mein Fenster. Ruth sagte etwas zu dem alten Mann. Er lächelte, nickte und rieb sich mit einer rauen Hand über das schmale Gesicht. Kurz darauf gingen sie weiter.
An Schlaf war nicht mehr zu denken. Zu viel Krach. Zu viel

Angst. Wenn es doch erst vorbei wäre. Auf einmal klopfte es gegen das Fenster. Ruth und der alte Mann waren zurück.
Der Mann lächelte und blinzelte mir zu. Winkte, bevor er sich kurz an Ruth wandte. Ruth runzelte die Stirn. Sie wollte etwas sagen, nickte aber nur.
Ruth öffnete die Tür und beugte sich vor, um eine Leine an meinem Halsband zu befestigen. „Komm, Cooper." Sanft zog sie an der Leine.
Mir taten die Beine weh und das noch stärker als sonst. Ich schüttelte mich ein wenig locker, ignorierte die Rückenschmerzen und watschelte hinter Ruth her. Meine Decke. Ich wandte mich um und packte sie mit den Zähnen. Folgte Ruth mit der Decke zwischen meinen Beinen auf den Flur.
Ruth lächelte. „Hättest du fast vergessen, was, Cooper?" Sie schüttelte den Kopf. „Ohne die Decke geht er nirgends hin."
Der Mann beugte sich zu mir und richtete sich gleich wieder auf, als strenge ihn das zu sehr an. Ich betrachtete seine Schuhe – enorm große, abgewetzte und ausgelatschte Schuhe. Hob den Blick über seine zerknitterte Hose und das karierte Hemd zu einem Kopf, der an die Decke zu stoßen schien. Über dem verrunzelten Gesicht ein grauer Haarschopf.
Schwer atmend ging der Mann in die Hocke. Er brauchte eine Ewigkeit, um die Knie zu beugen, und seine Gelenke knackten, als müssten sie dringend geölt werden.
Aus unmittelbarer Nähe bemerkte ich weitere Einzelheiten. Die Falten auf der Stirn. Das Doppelkinn. Die Tränensäcke unter den trüb-blauen Augen.
Die Augen einer Person verraten viel. Sie sind wie Fenster zu ihrer Seele. Erzählen von ihrer Stimmung. Ob jemand glücklich oder traurig ist, neugierig oder gelangweilt, freundlich oder fies. Die Augen des Mannes enthüllten mir seine Geheimnisse. Ich erkannte darin Zärtlichkeit, aber auch Traurigkeit.
„Hallo, Cooper."

Der Mann streichelte mir mit langen, knotigen Fingern die Ohren. Strich mir mit seiner riesigen Hand über den Rücken. Dann führte er seine Finger an der Flanke herab und berührte kurz die kahle Stelle direkt oberhalb meines Hinterbeins. Die Wunde war seit Monaten verheilt, trotzdem zuckte ich zusammen. Instinktiv. Eine angeborene Reaktion. Oder eine erlernte? Die Menschen verfügen über derart viele Wörter, um etwas zu beschreiben.

„Cooper ist schon länger hier“, erläuterte Ruth. „Kaum einer will einen alten Hund, erst recht keinen angeschlagenen.“ Sie starrte mich an und senkte die Stimme. „Er ist ein guter Hund, hat allerdings Schweres durchgemacht. Seine letzten Besitzer ... Also, sagen wir einfach, es gab da ein paar Probleme.“

Der Mann nickte, streckte den Arm aus und tätschelte meinen Kopf. „Ist schon gut.“ Seine Stimme klang sanft, aber angeraut, als ob man seine Kehle auch ein wenig ölen müsste.

„Cooper bleibt gern für sich. Er ist ein ganz Stiller. Ich glaube, ich habe ihn hier kein einziges Mal bellen gehört. Vielleicht kann er gar nicht bellen.“ Ruth schaute zu dem alten Mann. „Ist doch nett, oder?“

Der Mann lächelte. Ich lehnte mich gegen seine Hand. Anschließend rieb ich meine Schnauze an seinem Unterleib und atmete tief ein.

Beim Schnüffeln in diesem Bereich lässt sich viel entdecken. Jeder riecht anders. Es ist so individuell wie ein Fingerabdruck und der schnellste Weg für einen Hund, jemanden kennenzulernen.

Keine Ahnung warum, aber viele Menschen mögen das nicht. Sie schieben einen weg, springen zurück oder halten sich die Hände vor den Unterleib, als gelte es, etwas Wertvolles zu schützen.

Bei diesem Mann war das anders. Er hatte nichts dagegen,

dass ich mir Zeit nahm. Während ich schnüffelte und mir seine Merkmale einprägte, streichelte er mir das Fell. Seine Finger fuhren über meine Narbe. Dieses Mal zuckte ich nicht.

„Ist schon gut“, wiederholte er.

„Hatten Sie schon einmal einen Hund?“, fragte Ruth.

Der Mann lächelte. „Nein, hatte ich nicht. Es gibt immer ein erstes Mal.“

Mir verschlug es den Atem. Ein Anfänger. Na super.

2. Kapitel

Nachdem der Papierkram erledigt war, gingen der alte Mann und ich nach draußen, atmeten die frische Luft ein und schlurften durch die Pfützen des letzten Platzregens. Der Mann hatte einen seltsamen Gang. Bei jedem Schritt mit dem rechten Bein machte er zwei kleine Schritte mit dem linken. In der einen Hand hielt er die Decke, mit der anderen meine Leine. Wir platschten durch die Gegend, und ich kam mit meinen kurzen Beinen kaum hinterher.

Wie Schiffe bei hohem Seegang schwankten wir über den Parkplatz zum einzigen dort verbliebenen Auto – einer totalen Rostlaube. Die hintere Stoßstange fehlte. Der Kofferraum war voller Dellen. Auch an der Beifahrertür gab es welche. Als der Mann die Tür öffnete, fiel ein Rostbrocken auf den Asphalt.

Er warf die Decke ins Auto. „Rein mit dir, Cooper."

Ich schaute auf den unmöglich hohen Sitz. *Soll das ein Witz sein?*

Der Mann kicherte. „Na, schaffst du wohl nicht alleine, was?"

Er beugte sich herab und griff mich. Als er mich auf den Sitz hievte, wich die Farbe aus seinem Gesicht, und er musste sich an der Tür festhalten. „Oh Gott", schnaufte er.

Gegen die Tür gelehnt blieb er schwer atmend stehen. Regen prasselte auf seinen Kopf, lief ihm in den Nacken und durchnässte seine Jacke.
Langsam kehrte die Farbe in sein Gesicht zurück. „So. Schon besser."
Während er zur Fahrerseite trottete, schaute ich mir das Fahrzeuginnere an. Ausgeblichene Polster. Sprung im Armaturenbrett. Beschädigte Windschutzscheibe. So schäbig wie die Karosserie.
Und voller Gerüche. Vor allem nach Kiefer von dem Duftbäumchen am Spiegel. Doch auch nach leckerem Schinken aus einer großen Papiertüte auf dem Rücksitz. Und noch etwas. Im Polster, auf dem ich saß. Parfüm. Ganz schwach, aber noch zu bemerken.
Der Mann stieg ein, holte sein Handy hervor und legte es aufs Armaturenbrett. Den Gang wechselnd steuerte er mit quietschenden Reifen vom Parkplatz auf die Straße. Die Papiertüte hinten kippte um. Ich sah gerade noch einen Salatkopf und ein Stück Käse auf den Boden fallen, gefolgt von einem eingeschweißten Hähnchen. Mir lief das Wasser im Mund zusammen.
Die Scheibenwischer leisteten Schwerarbeit und kamen dennoch kaum mit dem strömenden Regen zurecht. Der alte Mann kurvte um Pfützen, überholte langsamere Autos und wich Schlaglöchern aus. Als er quietschend an einer roten Ampel hielt, grub ich vergeblich meine Fersen in den Sitz. Ich wurde nach vorne geschleudert, knallte gegen das Armaturenbrett und rutschte auf den Boden.
„Tut mir leid, Cooper." Der alte Mann lehnte sich herüber und hob mich auf. „Bin ein ziemlicher Raser. Kann zwar kaum noch laufen, aber ich fahr wie beim Indy 500."
Er setzte mich wieder ab und fuhr mir mit den Fingern über die Ohren. „Alles in Ordnung?"

Ich genoss seine Berührung. *Ja-a. Alles okay. Ein bisschen durchgeschüttelt, nächstes Mal pass ich besser auf.*
„Wir haben uns noch gar nicht richtig vorgestellt. Ich heiße Michael.“ Der alte Mann betrachtete mich und schüttelte den Kopf. „Weißt du was? Ist Neuland für uns beide. Vergiss Michael. Nenn mich einfach Mike. Und du ...“ Er rieb sich das Kinn. „Ich denke, Coop ist ein besserer Name für dich. Mike und Coop. Ja-a, klingt gut.“
Klar. Warum nicht? Schreib's auf die Liste.
Ich hatte schon viele Namen. Oscar. Rusty. Flint. Clint. Die anderen habe ich vergessen. Jedes neue Herrchen wollte die Erinnerung an das alte auslöschen. Neuer Name. Neue Identität. Neuland.
Coop? Ja, damit kann ich leben.
Mike kurbelte mein Fenster herab und schob mir ein Kissen unter, damit ich den Kopf nach draußen hängen konnte. „Komm schon, Coop. Die Luft ist umsonst.“
Während wir an schmucken Häusern mit gepflegtem Rasen entlang bretterten, benetzte der Regen meine Schnauze. Wind peitschte meine Ohren. Meine Nase erreichte ein ganzes Büffet von Gerüchen: feuchtes Laub, nasses Gras und an einer Ecke der angenehme Duft von Kompost.
Wir rasten an einer Schule vorbei, einem Lebensmittelladen und einigen Leuten unter Regenschirmen an einer Bushaltestelle. An einer Abbiegung klingelte das Telefon. Mike schaute kurz darauf und schüttelte den Kopf. Er ließ es klingeln und fuhr mit Vollgas weiter. Nach ein paar Häusern witschte er in eine Einfahrt und bremste nur Zentimeter vor einem schiefen Garagentor.
„Jess? Bist du das?“
Am Telefon vernahm man eine Stimme. Um besser zu hören, reckte ich den Kopf, verstand allerdings kaum etwas.
Mike runzelte die Stirn und legte das Handy ans andere Ohr.

„Also, Jess. Ganz langsam. Noch mal von vorne. Was hat Rick jetzt wieder gemacht?"
Das Stirnrunzeln verstärkte sich. „Was ist mit Emma und Zach? Ihnen ist doch nichts passiert?"
Sie redeten weiter. Mehrfach nannte Mike Ricks Namen, fast immer mit gequältem Blick oder laut seufzend.
„Tu was nötig ist, Jess", beendete Mike das Telefonat. „Grüß die Kinder von mir."
Kopfschüttelnd starrte er durch die Windschutzscheibe. Dann öffnete er die Tür und schlurfte um das Auto. „Geh du voran, Coop." Er hob mich hoch und ließ mich auf nasses Gras fallen, das doppelt so hoch wie ich war.
Ich lugte hinter mich.
„Keine Sorge. Ich bring deine Decke."
Kurz überlegte ich abzuhauen. Aber wohin? Und warum? In meinem Alter und mit meinen Beinen käme ich nicht weit. Außerdem hatte Mike meine Decke.
Als ich mich die schiefen Stufen hoch zur Haustür schleppte, beobachtete mich Mike und lächelte.
„Bereit?"

3. Kapitel

Mit den Lebensmitteln unter dem Arm tappte Mike über einen verschlissenen Teppich. „Was meinst du, Coop? Schau dich um. Ist jetzt auch dein Zuhause."
Im Eingangsflur passierten wir eine Standuhr und einen hohen Spiegel. Darin erhaschte ich einen Blick auf uns beide. Der Riese Mike, wie er mit dem Kopf die Deckenlampe streifte. Ich eine lange Fellröhre auf Stummelbeinen und mit einem Peitschenschwanz.
Auf dem Weg in die Küche durchquerten wir das Wohnzimmer. Bilder hingen schief an der Wand. An der Decke Spinnweben. Über den Boden wehte ein Büschel aus unbekanntem Material: Haare, Flusen oder Fäden. Es verfing sich kurz an meinem Bauch.
Ich kam an einem wahren Irrgarten an Möbeln vorbei: durchgesessene Sofas und abgenutzte Stühle, ein Glasschrank voller Krimskrams und Fotos, ein Couchtisch mit Stapeln von Zeitungen und Zeitschriften.
„Nicht grad toll, oder?", rief Mike aus der Küche. „Einiges zu tun hier, keine Frage."
Mike breitete die Decke auf dem Küchenboden aus. „Ein ideales Plätzchen für dich, Coop."
Er griff in seine Hosentasche und klapperte mit Münzen und

Schlüsseln. Etwas Kleingeld holte er hervor und warf es in eine Keksdose. „Alte Gewohnheit." Er lächelte traurig. „War in schweren Zeiten unsere Rücklage für Theaterbesuche."

Unsere? Gab es noch jemanden?

In Gedanken verloren passte ich nicht richtig auf. Überhörte die sich nähernden Pfoten. Übersah den bedrohlichen Schatten über mir. Hätte den typischen Geruch erkennen müssen.

Eine behaarte Kralle schlug mir auf die Schnauze. Etwas wütendes Schwarzes sprang mir auf den Rücken. Instinktiv wich ich zurück, um mich zu schützen.

Mike wirbelte herum und lachte. Er beugte sich vor und hob die Angreiferin hoch. „Ah, du hast Lucinda kennengelernt."

Aus einem hassverzerrten Gesicht starrten mich gelbe Augen an. *Auch das noch. Eine Katze.*

Mike wiegte Lucinda auf dem Arm. „Hey, hey, so behandelt man keinen Gast."

Die Katze wand sich, fauchte und entzog sich Mike. Mit einem einzigen Satz sprang sie Richtung Fußboden, und Mike griff ihr vergeblich hinterher.

„Lucy! Ich warne dich!"

Lucinda landete mucksmäuschenstill. Ihr Bauch hing knapp über dem Boden, gestützt von kräftigen Beinen und Pfoten so groß wie Bierdeckel. Sie war locker doppelt so hoch und lang wie ich, vielleicht sogar noch mehr, und wog wahrscheinlich auch doppelt so viel.

Lucinda machte einen Buckel. Die groben schwarzen Haare ihres Fells standen gefährlich stachelig aufrecht. Ihr Schwanz wedelte in der Luft wie eine Warnflagge. Sie fauchte und stolzierte mit aggressiven Bewegungen ihrer Krallen auf mich zu. Ich wich zurück, doch Lucinda kam immer näher. Eine Katzenlänge entfernt blieb sie stehen. Legte den Kopf zur Seite und starrte. Ich konnte praktisch hören, wie ihr winzi-

ges Hirn arbeitete. *Was haben wir hier? Eine große Ratte? Nein, ich denke eher ein erbärmliches Hündchen.*
Lucinda kam näher, fauchte und schlug erneut zu. Dieses Mal erwischte sie mein Ohr.
„Lucy!“, schrie Mike. Er bückte sich, um sie zu schnappen, geriet jedoch ins Schwanken und musste sich an einem Stuhl festhalten.
Lucinda schaute Mike an. Ich huschte unter den Tisch. Als Lucinda mich wieder im Blick hatte, lag ich unter einem Stuhl. Sie kroch heran, nahe genug, dass ich den Fischgeruch aus ihrem Mund riechen konnte. Ich denke, es war Thunfisch.
Ich presste die Augen zusammen und erwartete einen weiteren Hieb. Hörte das Schrappen von Krallen, Ein- und Ausatmen, ein verzweifeltes Miauen und dann ... *nichts.*
Ich schaute. Lucinda starrte zurück.
Anscheinend war sie sich ihres eigenen Umfangs nicht bewusst oder darüber, wie nah beieinander die Beine des Stuhls standen, unter dem ich mich befand. Ihre vordere Hälfte klemmte zwischen zwei Stuhlbeinen, die hintere hing in der Luft. Lucinda war eine Gefangene, steckte halb in einer Zelle und halb davor.
„Lucy, so etwas gehört sich nicht“, warnte Mike und befreite die Katze. Er zeigte auf einen Käfig am hinteren Küchenende. „Das würde dir nicht gefallen, oder? Also benimm dich.“
Lucinda schmiegte sich an Mikes Arme und schnurrte wie der Motor eines wartenden Autos. Die bösartigen Blicke, die sie mir zuwarf, entgingen Mike.
„Schon besser.“ Mike winkte mir zu. „Komm raus, Coop. Lucy tut dir nichts mehr.“
Mir brannte das Ohr, aber mein verletzter Stolz schmerzte weitaus mehr. Von einer Katze in die Enge getrieben. Wie peinlich.

4. Kapitel

Den Rest des Tages behielt ich Lucinda im Auge. Glücklicherweise döste sie die meiste Zeit auf einer Art Röhrenturm in der Küche, der mit Teppichstücken umhüllt war.
Ich folgte Mike von Raum zu Raum und zog dabei meine Decke hinter mir her. Der Nachmittag verging schnell, weil es so viel zu schnüffeln gab. Es hörte zu regnen auf, die Wolken verzogen sich, und schließlich kam die Sonne hervor. Sie schien durch das verschmutzte Küchenfenster und erwärmte den Boden neben Mikes Füßen, als er an der Anrichte Möhren schälte. Neben ihm machte ich ein Sonnenbad auf meiner Decke. Döste eingelullt vom Geräusch auf dem Schneidebrett vor mich hin.
Plötzlich hörte das Hacken auf. Vor Schreck erwachte ich. Mike lehnte mit kreidebleichem Gesicht gegen die Anrichte und hatte weiter das Messer in der Hand. Er schloss die Augen, ließ das Messer fallen und wankte zu einem Stuhl. Hielt sich die Brust und zuckte zusammen.
Langsam kehrte Farbe auf Mikes Wangen zurück. Er lächelte schwach, nahm sein Handy und wählte eine Nummer.
„Hallo, Michael Baron hier. Ich würde gerne einen Termin vereinbaren.“

Mike griff nach dem Kalender an der Wand. „Ja, bei Dr. Poon."
Er schüttelte den Kopf. „Nein, kein Notfall, aber die Anfälle werden schlimmer."
Die Person am anderen Ende stellte viele Fragen. „Erst vor ein paar Minuten", antwortete Mike. „Drei Mal heute. Gestern zwei Mal. Ja, Schmerzen im Brustkorb."
Mike fuhr sich mit den Fingern durch die Haare. „Montag? So schnell? Ja, müsste gehen. Folgetermine? Klar. Können wir gleich ausmachen."
Er blätterte im Kalender und kreiste Tage ein. „Vielen Dank. Bis bald", beendete er das Telefonat.
Lange stand Mike an der Anrichte und starrte aus dem Fenster. Seufzend nahm er das Messer und legte es wieder hin, bevor er sich zu mir herumdrehte. „Komm, Coop, ich zeig dir draußen was."
Ich schnappte meine Decke, aber Mike schüttelte den Kopf. „Die lassen wir besser hier. Sie soll doch nicht schmutzig werden, oder?"
Schmutzig? Hast du dir das Ding mal angeschaut?
Die Decke hatte ich in jede neue Familie mitgenommen. Jeder Fleck, jede ausgefranste Ecke, selbst das Brandloch in der Mitte erzählten eine Geschichte, meine Geschichte. Genau wie die Gerüche auf der Decke. Der Geruch meiner Brüder und Schwestern. Der Kölnisch-Wasser-Duft meines vierten Herrchens. Der Gestank nach Waffenöl und Schießpulver von dem Jäger, der mein sechster oder siebter Besitzer war, genau weiß ich das nicht mehr.
Mike lächelte, faltete die Decke zusammen und legte sie in ein Regal neben der Hintertür. „Vertrau mir. Sie wird noch da sein, wenn wir zurückkommen."
Ich sah ihm in die Augen, die so vertrauensvoll wirkten wie seine Worte.

Mike öffnete die Tür und ließ mich hinaus. Hinter dem Haus führte ein Ziegelsteinpfad vorbei an Blumenbeeten, Bäumen und Skulpturen aus Stein und Alteisen. Mike wischte kleine Wasserlachen von einer Bank neben einem Teich in der Mitte des Gartens. Er setzte sich und schaute mir beim Herumlaufen zu.
Hunde sind wie Hauseigentümer. Wir pinkeln, um unser Revier abzustecken und Territorium in Besitz zu nehmen. Eine Ansage an Artgenossen: „Hey, Kumpel, ich war vor dir da. Gehört alles mir."
Ich schnüffelte um die Skulptur eines wilden, feuerspeienden Drachens herum, bevor ich zu einer Statue lief, die wie eine Kreuzung aus Pferd und Mann aussah. Obwohl ich keine Spuren anderer Hunde entdeckte, pinkelte ich auf vier weit auseinanderliegende Stellen, richtig demonstrativ kräftig. Die letzte Markierung erfolgte in der Nähe einer männlichen Figur mit nacktem Oberkörper und einem Blitz in der Hand. *Meins. Meins. Alles meins.*
Natürlich wusste ich, dass das nicht ganz stimmte. Eigentlich war es Mikes Anwesen und ich nur ein zeitweiser Besucher. Mike würde meiner bald überdrüssig werden, genau wie alle meine anderen Herrchen. Es lebte sich jedoch überall besser als im Tierheim, selbst nur für ein paar Tage.
Als ich fertig war, setzte ich mich Mike gegenüber an den Teich. „Komm her, Coop." Er tätschelte den freien Platz neben sich auf der Bank.
Ich legte mich aber ins Gras. Den Kopf zwischen zwei Blumentöpfen am Rand des Teichs. Spätestens in ein paar Wochen ist alles vorbei zwischen Mike und mir. Wenn man sich vorher zu sehr aufeinander einlässt, bricht es einem das Herz. Ich weiß, wovon ich rede.
Eine Libelle schwebte über uns, flog über den Teich und

setzte sich auf eine Skulptur in dessen Mitte. Sie rastete auf einer kleinen Insel aus Stein. Eine Kugel im Umfang von mehreren Strandbällen erhob sich über dem Wasser. Eine hohle runde Form aus locker miteinander verbundenen Metallstreifen. Innen drin zählte ich vier Figuren: eine kleingewachsene Frau, ein hünenhafter Mann mit dem Arm um sie und vor ihnen stehend zwei kleine Kinder, ein Junge und ein Mädchen. Die vier Gestalten lächelten breit, als gehöre ihnen die Welt und alles wäre möglich. Sie waren genau wie meine letzten Besitzer.

Deshalb hasste ich sie.

5. Kapitel

Nach dem Abendessen und dem Abwasch saß Mike im Wohnzimmer vor dem Fernseher. Lucy schlummerte weiter in der Küche auf ihrem Katzenturm.

Ich zog meine Decke ins Wohnzimmer. Zwischen Zeitungsstapeln auf dem Fußboden döste ich vor mich hin, als Mike durch die Sender zappte. Schließlich landete er bei einer Show, in der Leute etwas gewinnen konnten, indem sie durch Reifen schwangen oder über ein Haifischbecken sprangen. Danach schaute Mike ein Eishockeyspiel. Wenn die Spieler verschossen, schrie er den Fernseher an und weckte mich immer wieder auf.

Während des zweiten Drittels klingelte das Telefon. Mike sah kurz auf die Uhr. Runzelte die Stirn und hob den Hörer ab.

„Jess, beruhige dich." Er beugte sich vor. „Wann ist das passiert?"

Mike schüttelte beim Zuhören den Kopf. „Alles in Ordnung mit den Kindern? Ist Rick immer noch da?"

Jubel aus dem Fernseher. Jemand hatte ein Tor erzielt. Die Menschen sprangen auf. Orgelmusik spielte. Der Lärm überlagerte Mikes Stimme.

„Einen Moment, Jess." Mike drehte den Ton leiser. Dann drückte er auf einen Knopf am Telefon und legte den Hörer

auf die Gabel. „Kannst du mich hören? Ich hab auf Lautsprecher gestellt."
Man vernahm Schniefen und eine leise, tränenerstickte Stimme. „Ich hör dich, Dad."
Mikes Stirnrunzeln verstärkte sich. „So geht das nicht weiter. Hast du die Polizei verständigt?"
Abrupt hob ich den Kopf. Polizei?
„Müsste ich wohl."
„Allerdings. Du hast eine einstweilige Verfügung gegen ihn. Rick darf nicht in deine Nähe kommen und schon gar nicht in die der Kinder."
„Ich weiß, Dad", schluchzte Jess.
Ich war hin und hergerissen. Einerseits wollte ich Mike und Jess zuhören. Andererseits interessierte mich das Spiel. Meine Augen wanderten unwillkürlich zum Bildschirm.
Im Mitteleis standen sich zwei kräftige Spieler mit hoch erhobenen Schlägern gegenüber. Als der Schiri den Puck fallen ließ, schlug ihn einer der beiden weg. Die Menge johlte.
Mike schnappte die Fernbedienung und stellte den Ton komplett ab.
„Hör mal, Jess. Komm doch morgen einfach mit den Kindern zu Besuch. Ist eine lange Fahrt, aber wir könnten reden. Vielleicht finden wir eine Lösung."
Jess schniefte. „Okay, machen wir", sagte sie nach einer langen Pause.
Sie redeten weiter. Ich hörte nicht mehr zu und konzentrierte mich auf zwei Spieler, die sich anscheinend stritten. Einer warf seine Handschuhe weg. Der andere hob seinen Schläger. Mit angehaltenem Atem erwartete ich einen Kampf.
In diesem Augenblick fiel mein Name. Ich wandte den Kopf. Mike war aufgestanden. Lief herum und lächelte.
„Coop wirst du mögen."
Mike beschrieb mich ausführlich. „Er ist klein, braun und hat

samtweiche Ohren. Ganz still und gut erzogen.“ Einmal musste er kichern. „Der Jüngste ist er nicht mehr. Genau wie ich.“

Kurz darauf beendete er das Telefonat. „Ich hab dich lieb, Jess. Umarm Emma und Zach von mir.“

„Ich lieb dich auch, Dad. Bis morgen.“

Den letzten Satz hörte ich kaum noch. Ich sah, wie der Schiri zwei sich beharkende Spieler zu trennen versuchte.

6. Kapitel

Nach dem Eishockeyspiel ging Mike durchs Haus, schloss Türen ab und schaltete Lichter aus. Vor Lucindas Hochsitz blieb er stehen und tätschelte ihren Kopf.
„Gute Nacht, Lucinda. Träum schön."
Lucinda miaute und rollte sich zur Seite. Als Mike sich umdrehte, fauchte sie mich an.
Mike ging die Treppe hoch in den ersten Stock. Unter seinem Gewicht knackten die Stufen, und Mikes Gelenke knackten auch. Einmal blieb er stehen, um Atem zu schöpfen.
„Hier oben, Coop", schnaufte er. „Dein Schlafplatz."
Mike wartete, bis ich ihm mit meiner Decke im Schlepptau mühsam folgte. Sie hing mir zwischen den Beinen, und ich stolperte auf der steilen Treppe immer wieder darüber.
„Entschuldigung." Mike hob die Decke am oberen Absatz auf. „Hatt ich vergessen. Die muss immer dabei sein, oder?"
Das obere Stockwerk durchtrennte ein langer Flur mit Teppichboden. Davon gingen die Schlafzimmer ab, alle mit offener Tür und dunkel. Hinter dem Bad kam ein weiteres Schlafzimmer: das von Mike.
Er schaltete Licht an und winkte mich herein. „Schau dich um. Bin gleich wieder da."
Mike verschwand in ein kleines Bad. Ich hörte, wie er sich die

Zähne putzte und gurgelte. „Es ist, wie's ist", murmelte er mehrfach.

Im Gegensatz zu dem Durcheinander im Erdgeschoss war das Schlafzimmer blitzsauber. Unter einem Fenster gab es eine lange Kommode an der Wand. Entlang einer zweiten Wand befand sich ein riesiges Bücherregal und an der dritten Wand ein großes, weiches Bett. Auf einem Tischchen daneben standen eine Uhr, eine Leselampe, ein Telefon und zwei gerahmte Fotos.

Ich ging zum Regal, um Mikes Bibliothek zu betrachten. So viele Bücher hatte ich noch nie auf einmal gesehen. Meine früheren Besitzer waren meistens Computer-Freaks oder fernsehsüchtig. Bücher lasen sie nur selten, geschweige denn, dass sie eigene besaßen.

Mike kam in einem gestreiften Schlafanzug aus dem Bad. Vor dem Regal tippte er sich mit den Fingern gegen das Kinn und ließ den Blick über die Buchrücken schweifen. „Was haben wir denn da? Nein, das nicht. Und das auch nicht." Er schaute kurz zu mir und suchte vor sich hinmurmelnd weiter.

Unterdessen betrachtete ich die Fotos auf dem Nachttisch. In einem Holzrahmen sah man zwei Personen: eine junge Frau und ein kleines Mädchen, die sich an der Hand hielten. Sie ähnelten den beiden Figuren in der Kugel draußen. Auf dem anderen Bild lächelte eine ältere Frau mit weißen Haaren und freundlichen Augen in die Kamera.

„Ah! Hier hätten wir eins." Mike holte einen regelrechten Folianten aus dem Regal und trug ihn zum Bett. Er hob die Decken und legte sich darunter. Unter seinem Gewicht bog sich das Bett. Seine Füße hingen über das vordere Ende.

Er tätschelte die Matratze. „Komm hoch, Coop."

Im Ernst?

„Das schaffst du, Coop." Mike tätschelte erneut das Bett und schlug das dicke Buch auf.

Mir war das zu schwierig. Und ich wollte auch nicht. Lieber nicht zu viel Nähe.
Ich zog meine Decke in die Mitte des Zimmers, faltete sie mit den Zähnen auseinander und umkreiste sie einmal, bevor ich mich hinlegte.
Mike lachte leise. „Wie du meinst. Ist eh schon spät. Vielleicht ein anderes Mal."
Er legte das Buch auf das Tischchen und nahm das Foto mit der Frau und dem jungen Mädchen. Mit dem Finger fuhr er übers Glas, stellte das Bild wieder hin und griff das der Frau mit den weißen Haaren. „Was für ein Tag, Eva", seufzte er, küsste das Foto und stellte es zurück.
Bevor er das Licht ausschaltete, tätschelte Mike ein letztes Mal die Matratze. „Das Angebot steht, falls du es dir anders überlegst."
Nach wenigen Minuten atmete Mike ruhiger. Dann fing er zu schnarchen an. Nicht so schrill wie die Kreissäge Buck, sondern weicher.
Im Haus war es still, abgesehen von Mikes Atmen und dem Läuten der Standuhr unten. Zu still. Ich vermisste Buck, Max, Sparky und meine anderen Wohngenossen in Derby. Seltsamerweise vermisste ich auch das Tierheim mit all seinem Krach und der ganzen Aufregung.
Im Dunklen an einem fremden Ort bildet man sich leicht Dinge ein. Im Flur knarrten Dielen. Lucinda? War sie hinter mir her? Ich atmete auf, als ich bemerkte, dass nur ein Zweig gegen das Fenster schlug.
Endlich schlief ich ein und fing zu träumen an.
Überall Hunde. Sparky. Buck. Max. Ich auch. Und eine Katze. Lucinda. Wie eine Königin herrschte sie, fauchte, knurrte und schlug nach uns, damit wir unter den Stühlen eingepfercht blieben.

Auf diesen Traum folgte ein zweiter. Eine Party. Eine Torte. Eine glückliche Familie. Plötzlich Flammen, sengende Hitze und Panik.
Ich wachte auf, und das Herz schlug mir bis zum Hals. Es dauerte lange, bis ich wieder einschlafen konnte.

7. Kapitel

Als Mike aufwachte, war es im Zimmer immer noch dunkel. Beim Blick auf die Uhr stöhnte er leicht. „Da steh ich lieber gleich auf."
Er schlug die Decken zurück und schwang sich aus dem Bett. „Auf geht's, Coop. An die Arbeit."
Mike verschwand im Bad, ich reckte und streckte mich auf der Decke. Später trug er sie die Treppe hinunter, und ich folgte ihm vorsichtig über die gefährlichen Stufen.
„Guten Morgen, Lucy." Mike schaltete das Licht in der Küche an. Lucinda gähnte und sprang auf den Boden. Kroch zwischen Mikes Beine. Sobald sie mich sah, knurrte sie.
Mike breitete die Decke auf dem Boden aus. Er musterte mich und Lucinda. „Ihr habt bestimmt Hunger."
Das Fressen wurde ausgeteilt. Lucindas in ihren glänzenden Metallnapf neben dem Katzenturm, meins in einen zweiten glänzenden Napf auf der anderen Küchenseite. Lucinda eilte zu ihrem, roch kurz daran und verschlang alles auf einen Schlag.
„Leg los, Coop." Mike zeigte auf meinen Napf.
Leider hatte ich dringendere Bedürfnisse als fressen. Das musste ihm doch klar sein?
Ich rannte zur Hintertür und hüpfte im Kreis herum.

„Oh, verstehe“, lachte Mike. „Ist alles neu für mich.“ Draußen raste ich durch den Garten. Überprüfte die am Vorabend markierten Stellen und erneuerte sie. Während meiner Runde saß Mike auf der Bank und betrachtete die Kugel. Danach ruhte ich mich im Gras neben dem Teich aus, zwischen dieselben Blumentöpfe gekuschelt wie gestern.
Eine dünne Tauschicht bedeckte den Sockel der Skulptur. Die auf dem Metall glitzernde Sonne verstärkte seine Rostfarbe. Nebeneinander sahen die vier Figuren im Inneren der Kugel noch fröhlicher aus als gestern.
Mike sagte nichts. Er seufzte mehrfach, stand auf und setzte sich wieder. Schließlich ging er langsam zur Garage. Ich folgte ihm.
„Sorry, Coop.“ Mike öffnete das Tor. „Ist zu gefährlich. Du musst hier warten. Oder ich lass dich ins Haus, wenn dir das lieber ist.“
Im Haus? Alleine mit Lucinda? Eher verhungere ich.
Vor dem Tor rollte ich mich zusammen. Mir knurrte der Magen, und ich hörte aus der Garage lautes Sägen und Hämmern. Als Mike zurückkam, war sein Hemd völlig verdreckt. Er wischte den Schmutz mit der Hand ab und öffnete mir die Tür ins Haus.
Sofort drehte sich mir der Magen um. Ich musste fast kotzen. Wollte schnell wieder raus, aber Mike hatte bereits die Tür geschlossen.
Hunde haben viel besseres Toilettentraining als Katzen. Wir sind früh daran gewöhnt, unser Geschäft draußen zu verrichten. Und nicht im Haus unter der Nase unserer Besitzer.
Ich hielt die Luft an, als ich am Katzenklo vorbeikam. Zu meinem Napf eilend spürte ich Lucindas Blick im Rücken. Auf halbem Weg blieb ich stehen. Selbst aus der Entfernung wusste ich, dass etwas faul war.
Mein Napf lag verkehrt herum. Leer.

Sekunden später kam Mike aus der Küche und meinte mit Blick auf den Napf: „Lieber Gott, Coop! Du hattest aber Hunger."
Lucinda sprang herab, stolzierte zu ihm und zwängte sich zwischen seine Beine. Als Mike sich herunterbeugte, um sie aufzuheben, starrte sie mich an. Ich schwöre, dass sie grinste. *Reingelegt*, schien sie zu sagen.

8. Kapitel

Den restlichen Vormittag gab mein Magen seltsame Geräusche von sich. Glücklicherweise fand ich ein paar Krümel Trockenfutter, die Lucinda übersehen hatte.

Während ich nach mehr davon suchte, streifte Mike durchs Haus, richtete Zeitschriftenstapel gerade und staubte Möbel ab. Sogar den Staubsauger holte er hervor.

Um zehn Uhr ließ er sich aufs Sofa fallen und legte die Beine hoch. „Ich bin fix und fertig“, sagte er und schlief in Nullkommanichts ein. Ich döste auch.

Das Geräusch eines Autos in der Einfahrt weckte mich. Mike hievte sich vom Sofa und schlurfte nach draußen, wo eine großgewachsene Frau mit blonden Haaren aus einem SUV stieg. Sie riss sich die Sonnenbrille herunter, warf sie auf den Vordersitz, richtete sich den Pulli und strich ihre schwarze Hose glatt.

Mike lächelte. „Jess.“ Er umarmte sie. „Schön, dass du da bist.“

Eine Autotür ging auf, und ein kleines Mädchen kam heraus. Ihre Flip-Flops knallten, als sie auf Mike zustürmte, und ihr Kleid wehte gegen ihre dünnen Beinchen. Heftig umarmte sie Mikes Knie. „Ich hab dich so vermisst, Grandpa.“

„Emma." Mike beugte sich zu ihr, um sie hochzuheben. „Ich dich auch."
Er hob Emma ein paar Zentimeter an, stöhnte leise und setzte das Mädchen gleich wieder ab. „Hey, du bist ja schon eine richtige Bohnenstange. Wie alt bist du jetzt? Zehn? Zwanzig?"
Emma kicherte. „Sei nicht albern, Grandpa. Ich bin erst sechs." Sie strahlte. „Aber ich werd bald sieben."
Ich stupste Mikes Bein, wollte nicht stören, dachte aber schon, er solle mich vorstellen. Emma lugte an ihm vorbei. „Ist das Coop?" Sie entzog sich Mikes Griff. „Er ist süß."
Schnell war Emma bei mir, verstrubbelte mein Fell und strich mir über die Ohren. Als ihre Finger die kahle Stelle erreichten, hielt sie inne. „Was ist das denn?"
„Eine Narbe. Nichts Schlimmes", antwortete Mike.
Emma nickte. Und rannte durch die Eingangstür. „Lucy? Wo steckst du?"
Lächelnd wandte Mike sich wieder an Jess. „Emma ist ordentlich gewachsen, nicht?" Das Lächeln verschwand. „Alles in Ordnung mit dir?"
Jess kamen die Tränen. Sie fuhr sich über die Wange. „Alles okay, Dad."
Mike runzelte die Stirn. Er trat einen Schritt vor und strich Jess' Haare zurück. Sein Gesichtsausdruck verfinsterte sich. „War das Rick?"
„Völlig harmlos." Jess konnte kaum die Tränen unterdrükken.
„Hey, hey." Mike nahm sie wieder in die Arme, dieses Mal länger.
Jess tupfte sich die Augen mit einem Taschentuch ab und schaute kurz zu mir. „Das ist also Coop."
Sie hatte Mikes Augen: freundlich und einladend. Doch auch Traurigkeit lag darin. Und Verletzung.

Jess kniete sich hin, tätschelte meinen Kopf, und ich presste tief einatmend meine Schnauze gegen ihren Unterleib. Wie Mike hatte sie nichts dagegen. Ließ mir Zeit. Ich mochte sie sofort.

Mike schaute an Jess vorbei. „Wie geht's Zach?"

Jess blickte hinter sich zum Auto. „Ist schlimmer geworden."

„Hat Rick ...?"

„Nein. Diesmal nicht."

Mike behielt den Arm um Jess und ging mit ihr zum Auto.

„Zach, sag Grandpa hallo." Jess öffnete die Tür.

Ich drängte mich zwischen Mike und Jess und lugte ins Auto. Auf dem Vordersitz saß ein Junge. Er hatte den Kopf in den Nacken gelegt. Erst dachte ich, er schläft, doch dann sah ich die Kabel zwischen seinem Smartphone und seinen Ohren. Sein Kopf bewegte sich vor und zurück. In der rechten Hand hielt er einen Stift, mit der linken einen aufgeschlagenen Notizblock. Um das Blatt zu erkennen, schob ich mich näher heran: die Zeichnung eines bärtigen Mannes mit Pferdeschwanz. Kalte und zusammengekniffene Augen. Aggressiv gefletschte Zähne. Mir schauderte. Dieser Wüterich erinnerte mich an einen meiner cholerischen früheren Besitzer.

Jess tippte dem Jungen auf die Schulter. „Zach, steig bitte aus."

Ein kleingewachsener Junge mit Jeans und einem schwarzen Hoodie kletterte aus dem Auto. Mike hielt ihm die ausgestreckten Arme entgegen. „Zach, schön, dich zu sehen."

Zach zog sich die Kopfhörer-Stöpsel aus den Ohren und steckte Stift und Notizblock ein. Die Kapuze hing ihm locker über den Kopf und verdeckte einen Teil seiner Gesichtszüge. Ich erhaschte einen Blick auf ein unfreundliches, sommersprossiges Gesicht, dunkle lockige Haare und blaue Augen wie die von Jess. Er hob einen großen Rucksack auf seine Schultern und eilte an Mike vorbei, dessen Begrüßung ignorierend.

Mike griff nach dem Rucksack. „Hey, ich helf dir damit."
Zach wehrte ab. „Alles prima. Ich brauch deine Hilfe nicht."
Er schaute um sich und schnaubte. „Was für eine Bruchbude. Und bei jedem Besuch sieht sie noch mal grottiger aus."
Ich knurrte. Vielleicht weil Zach so unverschämt war. Vielleicht weil ich Mike beispringen wollte.
Zach wirbelte herum, sah mich und grinste höhnisch. „Das ist dein großartiger Hund?" Er lachte. „Ist so ziemlich der hässlichste Köter, den ich je gesehen hab."
Ich rastete aus. Weiß gar nicht mehr, was genau passierte. Erst war ich noch neben Mike, und im nächsten Moment attackierte ich Zachs Sneakers.
Er lachte noch lauter. „Whoa! Kampfhund Coop. Ich piss mich gleich an vor Angst."
Dann trat er mich. Sein Fuß erwischte meinen Bauch und streifte die Narbe. Ich flog durch die Luft und landete winselnd neben Mike.
Mike hob mich auf. „Alles in Ordnung, Coop?"
Ich sah ihn an. *Ja. Tut echt so gut wie gar nicht weh.*
Jess machte einen Schritt und packte Zach am Arm. „Was ist denn in dich gefahren?"
Zach zuckte mit den Achseln und schob Jess weg. „Fass mich nicht an."
Er stapfte die Stufen hoch. „Ihr seid alle Loser", höhnte er und verschwand im Haus.

9. Kapitel

Jess und die Kinder blieben den Nachmittag. Zum Mittagessen machte Mike Schinken-Sandwiches, die Zach nicht anrührte. Er saß da, Smartphone in der Hand, Stöpsel im Ohr, schwang pampig die Beine und trat gegen den Tisch. Jess schien sein schlechtes Benehmen nicht zu bemerken. Mehrfach setzte Mike an, etwas zu sagen, unterließ es aber.

Nach dem Essen ging Zach ins Wohnzimmer und ließ sich aufs Sofa fallen. Die Füße auf dem Couchtisch zappte er durch die Fernsehprogramme. In gebührendem Abstand blieb ich in der Küche, wo Emma Lucinda mit Aufmerksamkeit überschüttete.

Emma schleppte sie überall mit hin. Einmal wickelte sie ein Handtuch um den Kopf der Katze. „Lucy", gurrte sie. „Spielen wir ein bisschen. Du bist das Baby und ich deine Mama."

Lucinda wand sich und schlug die Krallen in den Boden, doch Emma hielt sie fest. Als sie mich rief, tauchte ich unter den Stuhl ab, außer Sicht- und Hörweite.

Später trugen Jess und Mike dampfende Kaffeebecher nach draußen. Steif vor Schmerzen durch Zachs Tritt humpelte ich herum. Während ich meine morgendlichen Markierungen überprüfte, saßen Jess und Mike auf der Bank neben dem Teich und unterhielten sich.

„Jess", hörte ich Mike. „Rick ist eine wandelnde Zeitbombe. Du weißt, zu was er fähig ist."
„Weiß ich, Dad."
Jess holte ein Taschentuch hervor und tupfte sich die Augen ab. „Ich hab schon alles versucht. Die Schlösser ausgetauscht. Eine Alarmanlage installiert. Nach unserem Telefonat gestern rief ich die Polizei an. Hätt ich mir schenken können. Mir fällt nichts mehr ein."
Sie wandte sich zu Mike. „Rick zahlt schon lange keine Alimente mehr. Ich hab einen anständigen Job, trotzdem sind wir immer knapp bei Kasse."
Mike nickte. „Ich kann dir aushelfen."
Jess schüttelte den Kopf. „Nein danke, Dad. Ist nett von dir, aber ich muss auf eigenen Füßen stehen." Sie berührte die Schwellung an ihrer Wange. „Ich mach mir hauptsächlich Sorgen um Zach."
„Er nimmt es sehr schwer, nicht?"
„Zach ist ein guter Junge. Ehrlich. Er hat bloß im letzten Jahr viel durchgemacht. Es ist nicht nur Rick. Er ist vierzehn. Schau ihn dir an. Zu klein für sein Alter."
Mike lachte leise. „Er holt schon noch auf, Jess. Hab ich auch. Bis sechzehn war ich der kleinste Junge in der Straße."
Jess lächelte schwach. „Mag sein, es bereitet ihm aber Probleme. Vor allem in der Schule."
Das kannte ich – ein Zwerg sein, von Größeren und Stärkeren getriezt werden. Einen Augenblick tat Zach mir leid. Doch die Schmerzen am Bauch erinnerten mich an seinen gemeinen Tritt, und alles Mitleid verflog.
Mike berührte die Hand von Jess. „Und wenn du umziehst? Näher hierher ..."
Jess schüttelte den Kopf. „Wär ein Riesenakt. Ich kann nicht einfach meinen Job aufgeben und vor meinen Problemen davonlaufen."

„Die Kinder könnten doch hierbleiben. Ich hab genug Platz, und sie wären in Sicherheit vor Rick. Eine Sorge weniger für dich. Es gibt dir Zeit, deine Möglichkeiten abzuklären."
„Ich weiß nicht, Dad. Sie müssten die Schule wechseln ..." Jess verstummte und tätschelte Mikes Hand. „Danke für das Angebot. Aber ich glaube, es ist nicht nötig. Ich lass mir was einfallen."
Ihr fröstelte, und sie sah auf die Uhr. „Wir sollten aufbrechen. Ist eine lange Fahrt, und die Kinder müssen morgen in die Schule."
Nachdem Jess und die Kinder weg waren, wirkte das Haus leer. Mike schlenderte von Zimmer zu Zimmer. Beim Blick auf den Kalender in der Küche seufzte er schwer. Im Wohnzimmer sah er ein wenig fern, hielt jedoch nicht lange durch.
„Komm, Coop. Gehen wir schlafen."
Ich hinkte hinter ihm her. Am Fuß der Treppe hob Mike mich hoch. „Ich helf dir, Coop."
Eine Hand unter meinem Bauch und mit der anderen die Decke festhaltend, trug Mike mich hoch. Er bewegte sich langsam und musste zwei Mal stehenbleiben, um Luft zu holen. Fünf Stufen vor dem oberen Absatz schwankte er, ließ die Decke fallen, griff nach dem Geländer und setzte mich ab.
„Sorry, Coop", schnaufte er. „Ich schaff das nicht."
Er ruhte sich kurz aus und stieg vorsichtig die restlichen Stufen hoch. „Packst du's, Coop?"
Klar doch. Aber nicht mit links. Meine Arthritis schmerzte mehr als gestern, und die Stelle, an der Zach mich erwischt hatte, war wund. Ich bewegte mich langsam, die Decke hielt ich mit den Zähnen, und sie hing mir zwischen den Beinen.
Mike zog sich um, und ich breitete die Decke auf dem Boden aus. Mike stieg ins Bett. Die Federn stöhnten, die Matratze

hing durch, und er tätschelte die Steppdecke. „Kommst du zu mir, Coop?“
Höflich lehnte ich ab.
Mike schüttelte den Kopf. „Deine Entscheidung. Wann immer du soweit bist.“
Er hob das dicke Buch vom Nachttisch und legte es wieder hin. „War ein langer Tag, was, Coop? Vielleicht morgen.“
In jener Nacht schliefen wir beide kaum. Als es Mitternacht schlug, atmete Mike ruhiger, er wälzte sich nicht mehr herum, und ich wusste, dass er eingeschlafen war.
Ich beneidete ihn. Mir schwirrten die Gedanken nur so durch den Kopf. Ich dachte an Jess, Zach, Emma und ihre schwierige Lage. Auch an Max, Sparky und Ruth im Tierheim, und ich fragte mich, wie es ihnen geht. Am meisten dachte ich allerdings an Mike. Selbst von der anderen Seite des Zimmers aus hörte ich seinen rasselnden Atem.
Was stimmte nicht mit ihm?

10. Kapitel

Am nächsten Morgen lief alles so ziemlich wie am vorigen. Zuerst fütterte Mike Lucinda und mich. Dieses Mal verschlang ich das Hundefutter, ohne Lucinda einen Bissen übrigzulassen. Dann ließ Mike mich raus. Auf der Bank starrte er stumm die Kugel an, während ich im Garten herumlief und mein Geschäft verrichtete. Später sägte und hämmerte er in der Garage, und ich döste vor dem Tor.

Nachmittags zog Mike eine Jacke über und nahm die Autoschlüssel. Er öffnete die Hintertür, schloss sie wieder und kam in die Küche zurück. Schaute Lucinda oben auf ihrem Turm an, anschließend mich auf meiner Decke im Sonnenlicht.

Mike hob warnend den Finger. „Lucy, du bist bitte nett zu Coop. Und Coop, sei du auch nett zu Lucy.“ Er zeigte auf den Käfig in der Ecke. „Ich würde euch nur ungern einsperren, wenn ich weg muss.“

Kaum hatte Mike die Tür zugemacht, sprang Lucinda von ihrem Turm und stolzierte direkt auf mich zu.

Sie führte sich auf wie einer dieser muskelbepackten Catcher aus dem Fernsehen – mit ihrem aggressiven und angeberischen Gehabe und ihrer Kampfeslust. Genau so war Lucinda: groß, wütend, scharf darauf zu zeigen, wie taff sie ist.

Sie knurrte, fauchte und machte einen Buckel. Beim nächsten

Schritt schlug sie zu. Ich wich ihren Krallen aus und ging in Deckung, aber sie ließ nicht locker. Schließlich kroch ich außerhalb ihrer Reichweite unter den hinteren Stuhl.

Lucinda baute sich davor auf, um meine Fluchtmöglichkeit zu blockieren. So blieb sie den ganzen Nachmittag, und ich kauerte in der Ecke. Bei jedem kleinen Zucken scheuchte sie mich zurück.

Die Zeit verging schleppend. Die Standuhr im Treppenhaus schlug zwei Mal, später drei und vier Mal. Meine Muskeln verkrampften sich. Ich hatte großen Durst, und mir knurrte der Magen. Wo blieb Mike?

Nach einer Ewigkeit hörte ich ein Auto in der Einfahrt. Lucinda raste durch die Küche und sprang auf ihren Turm, gerade als die Küchentür aufging.

Ein Geruch nach Chemie wehte durch die Küche. Mit einer großen Plastiktüte in der Hand schlurfte Mike herein. Er stellte sie auf die Anrichte und holte eine Schachtel und verschiedene Fläschchen mit Tabletten heraus. „So weit ist es also schon gekommen", sagte er.

Stumm lehnte er sich gegen die Anrichte. Lucinda und mich schien er vergessen zu haben. Er bemerkte nicht einmal, dass ich hastig Wasser aus dem Napf schlürfte.

Schließlich seufzte Mike. „Es ist, wie's ist." Er ging ins Wohnzimmer, ließ sich aufs Sofa fallen und schlief bei laufendem Fernseher ein. Ich zog meine Decke in seine Nähe und streckte mich aus.

Der Fernseher trötete, und die Zeit verging. Das Licht verdämmerte. Dunkelheit erfüllte den Raum. Ich hatte richtigen Heißhunger, und mir platzte fast die Blase. In der Küche miaute Lucinda jämmerlich. Sie hatte wohl auch Hunger. Als es acht schlug, wachte Mike auf. Er schaltete Licht an, griff sich an die Stirn und legte sich wieder hin. „Immer mit der Ruhe", murmelte er.

Bald darauf packte er die Sofalehne, kam langsam auf die Füße und machte einen unsicheren Schritt. „Schon besser."
Mike brauchte ewig zur Hintertür und noch länger, um Lucinda und mich zu füttern. Die Treppe kam er nur mühsam Schritt für Schritt hoch und hielt sich am Geländer fest. Zwei Mal blieb er stehen, um Luft zu holen.
„Eva", meinte er zu der Frau auf dem Foto, als er sich ins Bett legte, „läuft nicht grad gut mit mir".
Mike küsste das Bild, stellte es auf den Nachttisch zurück und tätschelte die Matratze. „Versuch's doch wenigstens, Coop, ja?"
Ich konnte aber nicht. Und wollte auch nicht. Rollte mich auf meiner Decke zusammen und legte den Kopf auf die Pfoten, ohne jede Anhänglichkeit, die mir später leid täte.
„Wie du meinst."
Mike schaltete das Licht aus. Es war ein anstrengender Tag gewesen. Erst Lucinda. Dann die Sorge um Mike. Trotz der Müdigkeit konnte ich nicht schlafen. Mike auch nicht. Er warf sich herum, schüttelte das Kissen auf, murmelte wiederholt vor sich hin und machte das Licht an.
„Bist du wach, Coop?"
Er griff nach dem Buch auf dem Nachttisch. „Vielleicht sollten wir etwas lesen." Mike zeigte mir den Umschlag des Buches. „Es heißt *Alles über Hunde*. Schauen wir mal ..."
Er blätterte herum. „Ah, das hier könnte dich interessieren. Ist aus dem Kapitel ‚Besondere Hunde'".
Er senkte das Buch und schaute zu mir herüber. „Du bist doch ein besonderer Hund, Coop?"
„Besonders" war ich schon öfter genannt worden. Ich weiß zwar nicht alles über Menschen, aber „besonders" hieß in meinem Fall gewöhnlich „nicht normal". Unpassend. So wie Mike „besonders" sagte, meinte er allerdings vielleicht etwas anderes.
„Fangen wir an." Mike rückte seine Lesebrille zurecht, beug-

te sich zum Licht, um besser zu sehen, und begann. „Am 11. September 2001 ..."
Er hielt inne und sah mich an. „Das war ein schrecklicher Tag, Coop. Wahrhaft tragisch. Irgendwie hab ich trotzdem das Gefühl, dass in dieser Geschichte etwas Wunderbares passiert."
Mike fing noch einmal an. „Am 11. September 2001 arbeitete Omar Eduardo Rivera im 71. Stock des Nordturms im New Yorker World Trade Center. Sein Blindenhund, ein gelber Labrador namens Salty, lag bei ihm ..."
Ich hob den Kopf. Ein Labrador? Genau wie Sparky.
„An jenem Morgen trafen entführte Flugzeuge das Gebäude. Rauch erfüllte das 71. Stockwerk, und alle versuchten hektisch zu fliehen."
Das Brandloch in der Mitte der Decke wirkte auf einmal größer und die Ecken verkohlter. Ich war mir nicht sicher, ob ich den Rest der Geschichte hören wollte.
Mike hob und senkte die Stimme im Rhythmus der Worte. Bald war ich gefesselt. Stellte mir Omar und Salty vor. Bei jeder ihrer Bewegungen an diesem fürchterlichen Tag. Ich sah, wie Omar Salty losband und hoffte, der Hund möge von sich aus den Weg die Treppen hinunter in Sicherheit finden. Ich sah, wie Salty sich weigerte, sein Herrchen im Stich zu lassen. Als Omar Saltys Leine wieder ergriff, und der Hund ihn durchs Treppenhaus nach unten führte, sah ich auch das vor mir.
Einen Schritt nach dem anderen machten sie. Salty führte Omar gewissenhaft durch den Rauch an fliehenden Leuten vorbei. Als sie getrennt wurden, hielt ich den Atem an, bis Salty Omars Bein anstupste, um ihm zu zeigen, dass er noch da war.
Hinunter und immer weiter hinunter führte Salty Omar. Die Treppen herab in Sicherheit auf die Straße.
Am Ende der Geschichte klappte Mike das Buch zu.

„Absolut erstaunlich, oder, Coop?“
In jener Nacht träumte ich schwer. Ich träumte von Salty. Es war aber nicht Salty, sondern Sparky aus dem Tierheim, der Omar die Treppen hinunterführte.
Auf diesen Traum folgte ein weiterer. Ich kannte die Szenerie. Eine mit Kerzen verzierte Torte. Eine singende Familie. Flammen.
Zitternd wachte ich auf.

11. Kapitel

In der nächsten Woche gewöhnten wir uns an einen bestimmten Tagesablauf. Morgens ließ Mike mich ins Freie. Immer umkreiste ich den Garten auf dieselbe Weise, erneuerte meine Markierungen und ruhte mich auf meinem sonnigen Plätzchen neben dem Teich aus, um auf die hohle Kugel mit den Figuren zu starren.

Meistens saß Mike einige Minuten auf der Bank, bevor er in der Garage verschwand. Zusammengerollt wartete ich vor dem Tor. Manchmal gönnte ich mir den Spaß, neben dem Teich sitzende Vögel zu jagen. Keine gute Idee für jemanden mit meinen Hüftproblemen. Mir taten noch Stunden später die Gelenke weh, und ich war so langsam, dass ich keine einzige Feder erwischte.

Zurück im Haus setzte sich Mike mit den Tablettenfläschchen, einem Glas Wasser und der Schachtel vor sich an den Küchentisch. Jeden Morgen schluckte er zwei Tabletten und spülte sie mit Wasser hinunter. Danach öffnete er die Schachtel und holte ein kleines Gerät hervor.

„Anweisung des Arztes“, erklärte Mike, als er den Apparat zum ersten Mal benutzte. „Zwei Mal am Tag, morgens und abends, soll ich meinen Blutdruck messen.“ Seufzend schüttelte er den Kopf. „Kein Vergnügen, alt zu werden, was, Coop?“

Ab und zu nahm Mike mich vormittags auf einen Spaziergang durchs Viertel mit. Bestimmt sahen wir seltsam aus: der Riese Mike mit seinem komischen Schlurfgang, ich Winzling mit meinen kurzen tapsenden Beinen. Wir durchquerten Gärten, umkreisten Wohnblöcke, gingen über Straßen und wichen reifenquietschenden Autos aus.
Obwohl wir nie zwei Mal denselben Weg nahmen, prägte ich mir die Merkmale, Töne und Gerüche der Umgebung ein. Röhrende Motorräder sagten mir, dass wir uns der Werkstatt neben der Bücherei näherten, der Geruch von Ingwer und Zitronengras, dass gleich das asiatische Restaurant kam. Die im Wind wehende Fahne zeigte die Feuerwache an, das Lachen von Kindern die Nähe einer Schule.
Einmal trafen wir eine Bekannte von Mike. „Hallo, Sophie“, begrüßte er sie.
Sophie lächelte, nahm ihre Tasche in die andere Hand und richtete sich den breitkrempigen Hut, der ihre grauen Haare fast komplett bedeckte. „Guten Morgen, Michael. Schön, dich draußen zu sehen.“
Mike lächelte. „Ganz meinerseits, Sophie. Wie geht's dir?“
Sie sprachen übers Wetter, die vielen Schlaglöcher auf der Straße und den Zustand der Welt. Mike lächelte oft. Sophie auch.
Unvermittelt rückte sich Sophie ihre Brille zurecht und lugte an Mike vorbei. Ihr Lächeln verschwand. Sie trat einen Schritt zurück. „Du hast einen Hund?“
„Ja, er heißt Coop. Ein Rettungshund.“
Sophies Augenbrauen schossen nach oben. „Rettungshund? Verstehe.“
Bei der Fortsetzung des Gesprächs behielt sie mich im Auge. „Ich nehme an, ein Hund ist tröstliche Gesellschaft, vor allem nachdem ...“
Sie ließ den Satz unvollendet. Mike nickte. „Ist er.“

„Na dann. Er sieht aber arg seltsam aus. Irgendwie hätte ich dich eher mit einem Schäferhund gesehen oder mit einem Border Collie. Der richtig was hermacht, im Gegensatz zu ... zu *diesem da.*“ Sophie kniff die Augen zusammen, schürzte die Lippen und räusperte sich. „Reichlich alt wirkt er auch. Warum ...?“

Noch ein unvollendeter Satz. Dennoch wusste ich, was sie meinte. Warum dieser Hund? Es muss bessere zur Auswahl gegeben haben. Jüngere. Attraktivere Hunde. Wieso ausgerechnet der?

Sophie stellte die Tasche ab und wollte mich tätscheln, doch Mike trat einen Schritt vor und zog an meiner Leine. „Wir müssen weiter, Sophie. Schön, dich getroffen zu haben.“

Mike lief zügig los und ließ Sophie mit offenem Mund an der Ecke stehen.

„Mach dir um die keinen Kopf“, sagte Mike außer Hörweite. „Sie meint es gut, aber ...“

Aber was? Das verriet Mike mir nicht.

Wir gingen langsam nach Hause. Ich spielte noch einmal die Unterhaltung mit Sophie durch. Warum genau hatte Mike mich ausgewählt? Was sah er im Gegensatz zu allen anderen?

12. Kapitel

Die Vormittage verliefen fast immer großartig und die Nachmittage schrecklich. Mike war oft außer Haus. Stundenlang blieb er weg, ohne dass ich wusste wozu. Bei seiner Rückkehr stolperte er manchmal blass und schwach in die Küche. Roch nach Chemikalien. Es erinnerte mich an die Seifen und Desinfektionsmittel meiner dritten Besitzerin. Als wahre Putzteufelin schrubbte sie jeden Tag die Fußböden. Wenn sie nicht auch noch mich schrubbte.

Manchmal rochen Mikes Klamotten nach anderen Dingen: gerade erst gebackenem Brot, Kaffee und ziemlich oft nach Gras und frisch geschnittenen Blumen.

Bevor er wegfuhr, stand Mike in der Tür und musterte Lucinda und mich. Er erteilte uns immer dieselbe Lektion.

„Lucy, du bist bitte nett zu Coop. Und Coop, sei du auch nett zu Lucy."

Sofort miaute Lucinda, wedelte mit dem Schwanz und tat, als habe sie verstanden. Sobald die Tür ins Schloss fiel, sprang sie jedoch von ihrem Turm, stolzierte durch die Küche und scheuchte mich in die Ecke. Mit ihrem riesigen Körper vor den Stuhl gepflanzt, hielt sie mich gefangen.

Mike bekam von Lucindas Mobbing nichts mit. Kaum war

das Auto in der Einfahrt, raste Lucinda zu ihrem Katzenturm. Wenn Mike hereinkam, thronte sie ganz oben und stellte sich schlafend.

So sehr ich die Nachmittage hasste, so sehr liebte ich die Abende. Wenn wir die Treppe hinaufgestiegen waren, Mike seinen Schlafanzug angezogen, die Zähne geputzt und gegurgelt hatte, legte ich mich zur Nacht auf meine Decke, und Mike telefonierte mit Jess: „Wie geht's dir? Und den Kindern? Alles in Ordnung?"

Ein paar Minuten redeten sie miteinander. Obwohl ich das meiste nicht verstand, fiel oft der Name Rick.

Einmal wollte Mike Emma sprechen. Er strahlte vor Freude, als sie am Hörer war. Doch wenn er nach Zach fragte, verschwand sein Lächeln. Er zuckte mit den Schultern und schüttelte den Kopf. „Mach dir keine Sorgen, Jess. Er kriegt die Kurve. Das braucht nur Zeit."

Immer endeten die Telefonate auf dieselbe Weise. „Schlaf gut, Jess. Ich hab dich lieb. Umarme Zach und Emma für mich."

Gleich im Anschluss schlug Mike *Alles über Hunde* auf und tätschelte das Bett. „Komm hoch, Coop."

Natürlich lehnte ich höflich ab.

„Wie du meinst. Das Angebot bleibt bestehen, bis du so weit bist."

Es folgte der Teil, den ich am meisten mochte. Jeden Abend las Mike mir aus dem „Besondere Hunde"-Kapitel vor. Ich hörte von Balto, einem unglaublichen sibirischen Husky, der ein Team von Schlittenhunden durch einen schweren Blizzard führte und Medikamente zu den verzweifelten Bewohnern von Nome in Alaska brachte. Ich hörte von Hachiko, einem berühmten japanischen Hund, der zehn Jahre lang jeden Tag zum Bahnhof lief, nachdem sein Besitzer gestorben war, weil er ihn von der Arbeit abholen wollte. Um Hachikos Treue zu

würdigen, errichteten die Anwohner eine Bronzestatue vor dem Bahnhof. Jedes Jahr im April veranstalten sie ihm zu Ehren eine Feier.
Auch über andere besondere Hunde las Mike vor. Alle waren sie mutig und bemerkenswert, ganz im Gegensatz zu mir.

13. Kapitel

Eines Morgens stand Mike nach einer unruhigen Nacht viel früher als sonst auf. Im Zimmer war es dunkel. Bis auf das Geräusch der Standuhr im Eingangsflur hörte man nichts. Mike unterbrach sein Zähneputzen und schaute um die Ecke: „Zeit zum Aufstehen, Coop. Ich zeig dir was."
In der Küche schluckte Mike seine Tabletten und maß seinen Blutdruck. Er kochte Kaffee und füllte ihn in eine Thermosflasche. Etwas Hundefutter warf er in eine Papiertüte.
Mike ließ mich nach draußen. Von der Bank aus schaute er mir beim Umkreisen des Gartens zu. Einige Minuten verbrachten wir auf unseren üblichen Plätzen neben der Kugel. Das Licht des Vollmonds tanzte auf den Figuren darin.
Ein Windstoß ließ Laub rauschen und riss Zweige von den Ästen. Mike zog den Reißverschluss seiner Jacke hoch und verschränkte die Arme vor dem Brustkorb. „Ziemlich kühl jetzt, aber es kommt ein richtiger Hitzetag, Coop."
Er schaute zum Himmel. „Wolkenlos. Perfekt. Fahren wir. Die Sonne geht bald auf."
Er ließ mich ins Haus und nahm ein paar Decken. Meine legte er obendrauf und griff die Thermosflasche sowie die Tüte mit den Leckereien.

„Ich geh aus, Lucy. Coop kommt mit. Willst du auch?"
Lucy öffnete ein Auge und schloss es wieder. Sie bewegte keinen Muskel.
Mike lachte leise. „Wie erwartet. Aber behaupte bloß nicht, ich hätte dich nicht eingeladen."
Auf leeren Straßen passierten wir im Dunklen liegende Häuser. Der Mond schien uns zu leiten und spendete Licht auf dem Weg durch die stille Stadt. Auf dem Highway trat Mike aufs Gaspedal. Ich krallte mich zur Sicherheit in den Sitz.
Wir kamen an Farmhäusern und baufälligen Scheunen vorbei. Schließlich bremste Mike und bog ab. Auf einer schmalen Schotterstraße ging es einen steilen Hügel hinauf, bis wir eine Lichtung erreichten.
„Da wären wir." Mike schaltete den Motor und das Scheinwerferlicht aus. „Komm."
Er nahm die Papiertüte und die Thermosflasche und griff die Decken auf dem Rücksitz. Ging zum Rand der Lichtung und breitete zwei Decken für uns aus. Mit knackenden Kniegelenken setzte er sich.
„Komm neben mich, Coop." Mike tätschelte die Decke.
Ein kalter Windstoß ließ mich zittern. Warum nicht? Nur dieses eine Mal.
Dankbar für seine Körperwärme schmiegte ich mich an Mike. Er warf eine Decke über uns und rieb sich die Hände.
Ein rosa Streifen erschien am Horizont. „Wir sind ein bisschen früh. Ist aber okay. Es gibt viel zu sehen."
Mike zeigte nach oben. „Schau dorthin, Coop."
Tausende von Sternen leuchteten am Himmel. Ich folgte seinem Blick zu einem bestimmten Sternbild. „Da. Das ist der Orion, der Jäger."
Für mich sahen die Sterne aus wie über den ganzen Himmel verstreute, winzige Glühbirnen. Ich konnte keine Anhäufung von einer anderen unterscheiden.

Mike lachte. „Den Orion hab ich beim ersten Mal auch nicht erkannt. Schau noch mal hin. Da sind sieben Sterne. Vier davon bilden ein Rechteck. Und was ist in dem Rechteck drin? Siehst du die drei Sterne in einer geraden Linie? Das ist Orions Gürtel."

Dieses Mal konzentrierte ich mich. Natürlich war er dort. Orions Gürtel.

Mike lächelte und fuhr mit den Fingern über meine Ohren. „Großartig, was?"

Mike zeigte auf weitere Sterne und Sternbilder. Langsam verwandelte sich der rosa Streifen am Horizont in ein orangenes Band. Als die Sonne aufging, bemerkte ich, dass wir an einem Abhang saßen. Unter uns wehte der Wind durch ein Weizenfeld.

„Ah, da ist er. Den wollte ich dir zeigen." Mike deutete auf die Stelle am Horizont, an der das Orange den blauschwarzen Himmel traf. „Siehst du ihn?"

Nein. Jedenfalls nicht gleich.

„Schau auf diesen Stern. Den hellsten am Morgenhimmel."

Ich betrachtete die Stelle. Ein Stern leuchtete heller als die anderen.

„Das ist Sirius, der Hundsstern."

Hundsstern?

„Mit etwas Fantasie erkennst du, dass die Sterne um Sirius herum die Form eines Hundes bilden. Es ist das Sternbild Canis Major, Großer Hund."

Wahrscheinlich verfügte ich nicht über Mikes Fantasie. Ein Hund am Himmel. Echt?

Mike zog mich an sich. „Für unsere Vorfahren war Sirius etwas ganz Besonderes."

Die Sonne stieg höher, und Mike erzählte mir eine Geschichte. „In Indien nannte man ihn anders. Dort hieß er Svana, der Hund von Prinz Yudhishthira."

Mike streichelte mir die Ohren, als er die Geschichte von dem Prinzen und seinem treuen Hund erzählte. Ich entspannte mich, legte den Kopf auf seinen Schoß und schloss die Augen. Stellte mir Prinz Yudhishthira und seinen Hund Svana vor. Sah sie zusammen bei ihrem Vorhaben, das Himmelreich zu finden.
„Auf ihrer Suche nach dem Himmel halfen Svana und dem Prinzen dessen vier Brüder. Sie suchten überall nah und fern. Einer nach dem anderen verloren die Brüder die Lust und gaben auf. Bald blieben nur noch der Prinz und Svana übrig."
Fröstelnd zog mich Mike enger an sich. „Prinz Yudhishthira und Svana suchten alleine weiter. Schließlich gelangten sie ans Himmelstor. Als ihnen der Pförtner Svana den Zutritt verweigerte, waren sie todtraurig."
Ich schaute Mike an. *Was? Hunde dürfen nicht in den Himmel?*
Mike lächelte. „Der Prinz war stinksauer. Seine Brüder hatten ihn verlassen, doch Svana verbrachte die ganze lange Reise an seiner Seite. Der Prinz sagte dem Pförtner, wenn sein guter und treuer Freund Svana nicht in den Himmel dürfe, wolle er auch nicht hinein."
Mike machte eine Pause. Ich wand mich. *Weiter. Was dann?*
„Genau das wollte der Pförtner hören. Er teilte ihnen mit: ‚Ihr seid beide im Himmel willkommen.' Dann öffnete er das Tor und ließ sie hinein."
Mike deutete auf das Sternbild. „Und deshalb ist dort Svana. Nur nennen wir ihn hier Sirius. Jedenfalls leuchtet er strahlend hell."
Ich blickte noch einmal hin, kniff die Augen zusammen und studierte die Sterne. Jetzt sah ich ihn. Canis Major, Großer Hund. Hätte ich gleich bemerken müssen!
Mike schraubte die Thermosflasche auf und schenkte Kaffee in eine Tasse. Aus der Tüte holte er die Hunde-Leckereien.
„Für mich ist es ein ganz besonderer Ort", stellte er ruhig fest. „Hier habe ich Eva meinen Heiratsantrag gemacht. Heute

wäre unser siebenundvierzigster Jahrestag."

Er gab mir die Leckereien und hob die Tasse. „Auf dich, Liebling. Wir hatten ein schönes Leben."

Stumm saßen wir nebeneinander, beobachteten, wie die Sonne aufging und die Sterne verloschen. Ich dachte an Eva. Wie Sirius war sie eine gute und treue Freundin gewesen. Befand sie sich im Himmel? War sie einer der Sterne über uns?

14. Kapitel

Ein paar Tage später erwachte Mike wieder früh. Er schwang sich aus dem Bett und zog sich schnell an. Unten kochte er Kaffee und ließ mich nach draußen. Als ich den Garten umkreiste, saß er auf der Bank.
Die Sonne ging gerade auf, und jeder einzelne mit Tau bedeckte Grashalm schimmerte. Durch die steigende Sonne reflektierten die vier Figuren in der Kugel verschiedene Farben: erst rosa, dann orange, schließlich rot. Irgendwie wirkten sie glücklicher und näher beieinander als je zuvor.
Mike zeigte auf die anderen im Garten verstreuten Statuen. „Eva liebte es hier. Gegen Ende hat sie oft gemacht, was wir gerade tun, Coop."
Um etwas Unkraut auszureißen und einige Steine zu begradigen, beugte er sich vor. „Die Vergangenheit können wir nicht mehr ändern, Coop. Wir müssen nach vorne schauen." Er stand auf und ging in die Garage.
Nach viel Gehämmer erschien er mit einem in eine zerfledderte Decke gewickelten Gegenstand. „Komm, Coop, ich hab was für dich."
Vorbei an der Drachenfigur und dem Halbpferd-Mann schwankte er zu meinem sonnigen Platz am Teich. „Bereit?"
Er riss die Decke herunter und stellte das Objekt auf den

Boden. Ausdruckslos starrte ich auf die Metallskulptur eines kleinen Hundes. Über der Figur schwebte ein Stern, mit einem dünnen Draht an ihrem Kopf befestigt.
Mike hob eine Augenbraue und legte die Hände auf die Hüften. „Und, was meinst du?"
Ich schaute auf die Figur, dann zu Mike. Was sollte ich daraus machen?
„Es ist Sirius", sagte Mike.
Die Sonne spiegelte sich auf dem polierten Metall und ließ die Gestalt noch heller erscheinen. Ich setzte mich und wusste nicht, wie ich reagieren sollte.
Der Hund ähnelte mir. Langgestreckter Körper, Schlappohren, dünner Schwanz. Und entlang des Hinterteils eine mit anderem Metall geschmiedete Stelle. Meine Narbe.
Ich war es. Es konnte kein anderer sein.
Verwirrt durch seine Geste sah ich Mike an. *Warum?*
Mike lächelte. Sophies schrille Stimme fiel mir ein. „Irgendwie hätte ich dich eher mit einem Schäferhund gesehen oder mit einem Border Collie. Der richtig was hermacht, im Gegensatz zu ... zu diesem da."
Dachte Mike, ich sei wie Sirius? Dass ich mir einen eigenen Stern verdienen konnte?
Der arme Mike. Krasser konnte er gar nicht daneben liegen.

15. Kapitel

An jenem Nachmittag verschwand Mike eilig und ließ stapelweise schmutziges Geschirr auf der Anrichte stehen. Kaum war die Tür ins Schloss gefallen, kam Lucinda angerannt, bereit zum Kampf. Ich flüchtete in die Ecke. Wie immer baute sie sich vor mir auf, um mich einzuklemmen.
Die Standuhr schlug zur vollen Stunde, dann zur nächsten. Meine Muskeln verkrampften. Mein Mund war völlig ausgetrocknet. Ich stellte mich schlafend, und Lucinda streifte in der Küche herum. Mit einem Auge beobachtete ich sie.
Sie schlürfte Wasser aus ihrem Napf und schaute kurz zu mir. Dann sprang sie mit einem Satz auf die Anrichte. Das hatte sie noch nie getan. Mike hätte sie gleich heruntergescheucht.
Lucinda stapfte über die Anrichte. Sie steckte den Kopf in Schüsseln und Schalen. Leckte übriggebliebenen Pfannkuchenteig auf und knabberte an einer Scheibe Schinken.
Da Lucinda beschäftigt war, kroch ich aus meiner Ecke hervor. Schlich mich durch die Küche in Richtung des Wassernapfs. Mit dem Kopf in einem großen Glas Käsesoße bemerkte Lucinda mich nicht.
Auf halbem Wege hielt ich inne und dachte an die Hundeskulptur draußen. Was würde Sirius in dieser Situation tun?

Am Wassernapf seinen Durst löschen? Oder etwas anderes? Mike war nicht da, um die Einhaltung der Regeln durchzusetzen. Aber ich.
Lucinda hörte das Geräusch meiner Krallen auf dem Boden nicht. Und vor lauter Fertig-Käsesoße in der Nase witterte sie mich auch nicht. Ihr Schwanz hing von der Anrichte und schwang wie das Pendel der Standuhr im Eingangsflur. Schwing. Schleck. Schwing. Schleck. Sie ahnte nicht, dass ich sie von unten beobachtete.
Ich bellte. Und bellte noch einmal stärker.
Ich wusste gar nicht mehr, wann ich das letzte Mal gebellt hatte. Erstaunlicherweise klang es tiefer und kräftiger, als ich dachte. Eher wie ein großer Hund und nicht wie ein Winzling.
Lucinda riss den Kopf aus dem Glas und fauchte. Käsepampe spritzte durch die Küche. Das Glas rotierte wie ein Kreisel außer Kontrolle. Es traf die Schale mit dem Teig, der auf die Anrichte floss. Er schwappte um Lucindas Pfoten und unter ihren durchhängenden Bauch.
Ich floh zurück in die sichere Ecke unter den Stuhl. Von dort verfolgte ich das Geschehen, das einem Film in Zeitlupe ähnelte. Lucinda kauerte sprungbereit. Sie rutschte aus. Schlitterte durch den Teig. Einen Moment lang hing ihre schwere Vorderseite über den Rand der Anrichte, und nun ...
Übernahm die Schwerkraft. Lucinda rutschte von der Anrichte, gleichzeitig kippte eine große Tüte Mehl um. Als Lucinda landete, regnete Mehl auf sie, was den Boden glitschig machte. Vergeblich ruderte sie zurück, um sich zu stabilisieren. Sie schoss wie einer dieser Eishockeypucks im Fernsehen durch die Küche. Es gab nur keinen pfeifenden Schiedsrichter und keinen Torhüter, der sie stoppte.
Doch es gab einen glänzenden metallenen Wassernapf.
Als Lucinda gegen ihren Napf stieß, spritzte Wasser durch

die Küche. Mit dem Mehl ergab es eine klebrige Paste. Die Pampe tropfte von Lucindas Ohren. Ihrer Schnauze. Ihrem Schwanz. Sie war überall.

Lucinda hob erst eine, dann die zweite verklebte Pfote. Eine Weile saß sie in der Sauerei, zu geschockt, um sich zu bewegen. Sie schaute zu mir, zur Anrichte und auf den Boden, als spiele sie das Ganze noch einmal durch. Schließlich sprang sie auf ihren Turm.

Den restlichen Nachmittag leckte und leckte sie, ihre Pfoten, ihren Schwanz, ihren dicken Bauch. Noch Stunden später sah sie aus wie ein Gespenst.

Das Erlebnis stimmte mich seltsam zufrieden. Mutig sogar. Ich kroch in die Mitte der Küche und fand eine Stelle ohne Teig oder Mehl. Demonstrativ fläzte ich mich auf meiner Decke. Lucinda starrte mich an, fauchte und leckte weiter.

Stundenlang wiederholte ich in Gedanken den Vorgang. Bemerkte nicht, wie das Sonnenlicht auf mir verschwand. Die Uhr schlug sieben. Wo steckte Mike?

Eine milchige Dunkelheit lag über dem Raum, als das Auto in die Einfahrt kam. Ich schlenderte zur Tür und wartete. Doch Mike kam nicht. Sehr lange nicht.

Als er schließlich die Küchentür öffnete und das Licht anschaltete, erschrak ich über sein Aussehen: Schlaffe Schultern. Herunterhängende Arme. Matte und leere Augen. Geruch nach Chemikalien erfüllte das Zimmer.

Mike starrte auf die Sauerei. „Was zum ...", stotterte er, hielt sich an einer Stuhllehne fest und betrachtete den Schaden. Er sah mich an: mehlfrei. Dann Lucinda: gespenstisch weiß.

„Lucy", drohte Mike mit dem Finger, „was hast du angerichtet?" Er schüttelte den Kopf. „Das ist mir jetzt zu viel."

Mike schlurfte zu den Schränken, öffnete eine Tür und holte einen Becher heraus. Er füllte Wasser in den Kessel, stand am Fenster und starrte ins nachlassende Licht.

Von draußen drangen Geräusche herein – der Autoverkehr, die im Wind stöhnenden Bäume. Die Standuhr klang lauter als sonst. Als sie die Stunde schlug, zählte ich. Acht ... neun ...
Mike murmelte etwas, das ich nur zum Teil verstand. *Schlimmer ... Nicht mehr genug Zeit ...*
Um die Küche zu säubern, brauchte er eine Stunde. Und eine weitere, um Lucinda zu säubern. Er schrubbte sie in der Badewanne, wobei sie sich wand und jämmerlich miaute, doch Mike schrubbte und bürstete, bis auch der letzte Rest weg war.
Später schlief er ein, sobald er den Kopf aufs Kissen gelegt hatte. Kein „Gute Nacht", keine Geschichten aus *Alles über Hunde.* Sein Atem rasselte. Er wälzte und warf sich herum. Rief nach Eva. Einmal saß er kerzengerade mit weit aufgerissenen Augen da, sah aber nichts.
Mitten in der Nacht tat ich etwas, das ich geschworen hatte, nie zu tun. Es war nicht leicht, und ich benötigte mehrere Anläufe. Doch mit jedem Fehlversuch lernte ich dazu.
Beim fünften Mal sprintete ich durchs Zimmer, um Schwung zu bekommen. Kurz vor dem Bett sprang ich ab. Krallte mich in der Steppdecke fest. Hievte mich mit meiner Decke zwischen den Zähnen hoch.
Ich schmiegte mich an Mike und legte den Kopf auf seinen Brustkorb. Er legte den Arm um mich. Langsam beruhigte sich sein Atem. Mike wälzte sich nicht länger.
Bis ich selbst einschlief dauerte ewig. Und auch dann wachte ich mehrfach aus Träumen auf, in denen Geister verdächtig wie Lucinda aussahen.

16. Kapitel

Mike schlief aus. Licht strömte bereits durch die Vorhänge, als er die Steppdecke zurückwarf. Er gähnte, streckte sich und sah mich.
„Wen haben wir denn da?“ Er lächelte und tätschelte mich. „Guten Morgen, Coop. Schön, dass du es geschafft hast.“
Als er nachmittags wegfuhr, sperrte Mike Lucinda in den Käfig und ließ mich frei herumlaufen. Ich versuchte, nicht hämisch zu wirken, was mir schwer fiel. Aus dem Desaster war ich siegreich hervorgegangen. Ausnahmsweise hatte Lucinda eine Schlacht verloren.
Auch die nächsten Tage sperrte Mike sie in den Käfig, wenn er das Haus verließ. Am Ende der Woche ermahnte er sie ein letztes Mal: „Lucy, hast du deine Lektion gelernt?“ Lucinda miaute süßlich und schmiegte sich zwischen seine Beine.
„Wollen wir's hoffen. Ich gebe dir eine Chance. Kein Ärger, oder ich muss dich wieder einsperren.“
Ab dann verbrachte Lucinda die meisten Nachmittage auf dem Katzenturm, und ich fläzte mich auf meiner Decke. Liefen wir aneinander vorbei, fauchte sie nicht mehr. Und schlug auch nicht länger nach mir. Sie war nicht unbedingt nett, aber wenigstens quälte sie mich nicht.
Nachts lag ich jetzt immer neben Mike. Nah beieinander

schliefen wir beide besser. Eines Abends setzte Mike seine Lesebrille auf, beugte sich in den Lichtkegel und schlug *Alles über Hunde* auf einer neuen Seite auf. „Das gefällt dir bestimmt."

Er räusperte sich. „Es war einmal vor langer Zeit eine Familie in Silverton, Oregon, mit einem Hund namens Bobbie."

Fast alle Geschichten Mikes begannen mit „Es war einmal". Umgehend entspannte ich mich. Sekunden später waren Mike und ich in einer anderen Welt.

Bobbie, lernte ich, war eine zweijährige Mischung aus Langhaarcollie und Englischem Schäferhund. Gleich stellte ich mir Buck vor. Er war ein Collie. Vielleicht sah Bobbie ihm ähnlich.

„Bobbie liebte seine Familie", las Mike vor. „Besonders Tim, sein Herrchen. Er begleitete ihn überall hin. Eines Sommers fuhr Tim mit der Familie nach Indiana in die Ferien. Natürlich war Bobbie dabei."

Mikes raue Stimme wurde etwas weicher. Er ließ die Hand fallen und tätschelte meinen Kopf. „Irgendwie ging Bobbie verloren. Tim und seine Familie suchten überall nach ihm, doch vergeblich. Schweren Herzens musste die Familie ohne ihn nach Oregon zurückkehren."

Während Mike las, stellte ich mir Buck vor. Mit seinen langen Beinen und dem schönen Fell. Den dämlichen Buck, alleine und verloren.

Ich schaute zu Mike. *Was ist dann passiert? Weiter.*

Es stellte sich heraus, dass Bobbie deutlich intelligenter als Buck war. Er vermisste Tim und seine Familie so sehr, dass er durch die Wüste und über die Rocky Mountains den ganzen Weg nach Oregon lief, 2.500 Meilen. Dafür brauchte er ein halbes Jahr. Ein halbes Jahr zum Durchqueren von acht Bundesstaaten, mitten durch Schneeverwehungen und über die Straßen von Silverton zu Tims Türschwelle.

Mike blätterte um. „Inzwischen hatte die Familie jede Hoffnung aufgegeben, ihren geliebten Hund je wiederzusehen. Als Bobbie auftauchte, erkannten sie ihn kaum. Abgemagert. Verdreckt. Mit wund gelaufenen Pfoten."

Ich stellte mir Buck vor – müde, schmutzig und klapperdürr. Buck, der sich über die letzte Meile schleppte. Das Haus ansteuerte wie bei einer Sendung über Tauben auf *Animal Planet*.

Mike schob das Buch besser ins Licht und las weiter. „Bobbie wurde berühmt. Tim erhielt Briefe, in denen man ihn lobte. Sie nannten ihn einen Wunderhund. Bobbie wurde mit Medaillen überhäuft, Ehrenbürgerschaften von Städten, er bekam sogar ein juwelenbesetztes Hundegeschirr. Man schrieb Bücher über seinen unglaublichen Heimweg. Heute steht eine Statue von ihm vor seiner originalen Hütte im Zentrum von Silverton, Oregon."

Noch eine Statue? Von mir gab es auch eine Statue, obwohl ich nicht verstand, warum. Im Unterschied zu Bobbie oder Hachiko hatte ich sie mir ja nicht verdient.

Mike fuhr mit der Hand über meinen Rücken und meine Narbe. „Absolut großartige Geschichte, oder, Coop?" Mike gähnte und schaltete das Licht aus. „Gute Nacht, Coop."

Als ich fast eingeschlafen war, klingelte das Telefon. Mike fuhr hoch, schaltete das Licht an und riss den Hörer von der Gabel. „Hallo."

Seine Augenbrauen schossen nach oben. „Jess, ganz ruhig. Was ist passiert?"

Mike warf die Decken zur Seite und stand auf. Er schwankte leicht und setzte sich wieder. „Verstehe. Nein, das war völlig richtig."

Er schaute zu Evas Foto. „Ja. Klar. Morgen. Je früher, desto besser."

Mike legte auf und starrte ins Zimmer. Schließlich schlurfte er ins Bad. „Wir bekommen Gesellschaft, Coop!"

17. Kapitel

Jess traf am nächsten Tag gegen Mittag ein. Mike ging ihr draußen entgegen. Sie umarmten sich. „Sorry, Dad.“ Jess wischte sich eine Träne weg. „Das ist viel von dir verlangt.“
Mike drückte sie fester an sich. „Quatsch. Ich helfe gern. Und so kann ich ein wenig Zeit mit meinen Enkelkindern verbringen.“
Emma sprang aus dem Auto und zog einen kleinen rosa Koffer mit Glitterpunkten darauf hinter sich her. Sie umarmte Mike, tätschelte mich und rannte die Stufen hoch.
Jess eilte ihr hinterher und erwischte sie, als sie gerade die Tür öffnete. „Wart kurz, Em. Ich kann nicht bleiben. Sei brav. Ich ruf jeden Abend an.“
Die beiden umarmten sich.
„Lucy, da bin ich“, rief Emma und rannte ins Haus.
Mike schaute kurz zum Auto. „Wie schlägt sich Zach?“
„Er ist natürlich sauer. Hat aber auch Angst, obwohl er’s nicht zugibt. Emma kapiert noch nicht, was los ist. Sie hat die ganze Sache verschlafen. Für sie ist es ein großes Abenteuer, hierher zu kommen. Aber Zach ...“
Die Autotür ging auf, und Zach stieg aus. Die Kapuze des Hoodies verdeckte seinen Kopf größtenteils, der verärgerte Gesichtsausdruck war dennoch nicht zu übersehen.

Zach warf sich einen vollen Rucksack über die Schulter.
Als er sich vorbeistahl, versteckte ich mich hinter Mike und schaute zwischen seinen Beinen hindurch.
Zach wehrte Jess' Umarmung ab. „Lass mich in Ruhe." Er kickte einen Stein in hohem Bogen durch die Luft.
„Ich ruf später an", sagte Jess.
„Wie du meinst."
Nachdem Zach verschwunden war, starrte Jess noch eine Weile abwesend auf die Tür. Schließlich drehte sie sich um.
„Tut mir leid, Dad."
„Wird schon funktionieren." Mike nahm sie noch einmal in den Arm. „Wir kriegen das hin. Versprochen."
„Ich weiß."
Jess hob einen schweren Koffer aus dem Kofferraum. „Ich war mir nicht sicher, was ich einpacken sollte. Für ein paar Wochen reicht es jedenfalls."
„Bleibst du zum Essen?"
„Nein, ich fahr besser. Es ist eine lange Strecke, und morgen geht die Arbeit früh für mich los."
Sie war im Begriff zu gehen, drehte sich noch einmal um und umarmte Mike. „Noch mal danke, Dad."
Eine ganze Weile blieben sie aneinander gelehnt. „Ich muss fahren", wiederholte Jess.
Sie setzte sich ans Steuer und steckte den Kopf aus dem Fenster. „Hätt ich fast vergessen. Das hier brauchst du."
Jess reichte Mike einen großen Umschlag. „Die Schule ist informiert, dass die Kinder kommen, zum Anmelden benötigst du aber diese Unterlagen."
Jess verließ die Einfahrt, und Mike sah dem Auto nach. Lange nachdem es verschwunden war, stolperte er ins Haus und schnaufte bei jedem Schritt schwer. An den Türrahmen gelehnt, atmete er tief ein und holte ein Fläschchen aus der Tasche. Kämpfte mit dem Verschluss, brach ab und versuchte

es erneut. Schließlich schaffte er es, eine kleine Tablette zu schlucken.
Allmählich beruhigte sich Mikes Atmung. Er lächelte schwach. „Das war ein ziemlicher Hammer, Coop."
Beim Betreten des Hauses lächelte Mike breit. Hielt den Kopf hoch. Ging zügig. „Zach! Emma!", rief er. „Es ist ein herrlicher Sonntag. Gehen wir in den Park."
Mike sah gesund und zufrieden aus. Doch ihm ging es schlechter. Das wusste er, und ich wusste es auch.

18. Kapitel

Mit dem Park wurde es nichts. Emma hatte Lust, Zach nicht. Er verbrachte den ganzen Tag oben in seinem Schlafzimmer.
„Lass mich einfach in Ruhe“, schrie er, sobald Mike nach ihm rief.
Emma lief Mike hinterher. Während er das Abendessen zubereitete, richtete sie sich auf dem Küchenboden ein. Lucinda zerrte sie auf mein Sonnenplätzchen.
„Spielen wir, Lucy.“
Lucy wand sich und miaute, aber Emma hielt sie umso fester. Sie griff nach mir. „Spielst du auch mit, Coop?“
Bevor ich die Flucht ergreifen konnte, packte Emma mein Halsband. Sie warf mir ein Handtuch über und stopfte es unter meinen Bauch. Ein zweites wickelte sie um Lucindas Kopf und setzte die Katze neben mich.
„Du bist die Mama, Lucy. Und du ihr Baby, Coop.“
Lucinda schlug die Krallen in den Boden und jammerte. Sie wollte davonrennen, doch Emma zog sie zurück.
„Komm schon, Lucy. Nimm dir ein Beispiel an Coop. Er macht mit. Wieso du nicht?“
Ich hatte einfach keine Wahl. Emma behielt mich fest im Griff. Aufgeben war meine einzige Option. Zu sehen, wie Lucinda ausrastete, machte allerdings Spaß. Ihr Schwanz

sank herab. Sie legte sich platt auf den Boden und streckte alle viere von sich. Sah aus wie ein schäbiger alter Fußabtreter.
Nachdem Emma von ihrem Spiel genug hatte, ließ sie uns frei. Lucinda warf das Handtuch ab und eilte auf ihren Turm. Ich besetzte den Sonnenplatz, während Emma den Tisch deckte.
Als Mike Zach rief, antwortete er nicht. Mike stieg langsam die Treppe hoch. Auf halbem Weg musste er stehenbleiben, um Luft zu holen. „Zach, Abendessen ist fertig."
Eine Tür ging auf. Zach erschien. „Ich hab dich gehört", grummelte er und stampfte an Mike vorbei.
Beim Essen platzierte sich Lucinda neben Emmas Stuhl, an bester Stelle, falls Krümel herunterfallen würden. Ich hielt mich auf der anderen Seite der Küche, weit weg von Zachs schwingenden Beinen.
„Was ist das denn?" Zach zeigte auf eine Platte mit Hamburgern.
„Los, nimm dir", schob Mike ihm die Platte zu.
Zach schob sie zurück und verschränkte die Arme. „Von wegen. Ich bin Vegetarier."
Mike zuckte mit den Achseln. „Ach ja? Sorry, wusste ich nicht. Hat deine Mutter nicht erwähnt."
„Wundert mich nicht. Sie denkt nur an sich."
Mike atmete tief durch. „Deine Mutter muss gerade mit sehr viel klarkommen, Zach. Sie hat's einfach vergessen."
„Wenn du meinst."
„Ich kann dir was anderes zu essen machen."
„Vergiss es."
Zach griff über den Tisch, schnappte die Schale mit Pommes und leerte sie sich auf den Teller. „Die reichen mir."
Das ganze Essen über redete Emma ohne Punkt und Komma. Zach sprach kein Wort mehr. Zu Lucindas großem

Vergnügen ließ Emma leckere Bissen auf den Boden fallen. Die meisten erhaschte sie noch vor der Landung.
Als Emma kurz zu plappern aufhörte, legte Mike seine Gabel ab und räusperte sich. „Zach und Emma. Ihr werdet eine Weile hierbleiben. Wie lange weiß im Moment niemand, aber es ist wichtig, dass ihr nichts in der Schule versäumt.“
Zach starrte auf seinen Teller. Emma beugte sich lächelnd vor.
„Ganz in der Nähe gibt es eine Schule. Morgen gehen wir zusammen dorthin und melden euch an.“
„Oh, prima“, klatschte Emma in die Hände.
Zach fixierte Mike aggressiv. „Wenn's sein muss.“
Er schob seinen Stuhl zurück und holte sein Smartphone aus der Tasche. Während er eine Nachricht tippte, begann er zu lächeln.
Mike klammerte sich an die Tischkante. Er atmete tief ein und griff nach Zachs Handy.
Zach versuchte, es zurückzubekommen. „Was soll das?“
„Sorry, keine Handys am Essenstisch.“
Zach wurde rot. „Das kannst du nicht bringen.“
„Und ob.“ Mike legte das Smartphone neben seinen Teller. „Das ist mein Haus. Solange du hier Gast bist, erwarte ich, dass du dich an meine Regeln hältst.“
„Gast?“ Zach knallte seine Gabel auf den Tisch. „Du tust, als hätt ich eine Wahl. Meinst du wirklich, es macht mir Spaß, bei dir festzusitzen?“
Emma schaute Zach an. Dann Mike. Ihre Lippe zitterte. „Bitte nicht streiten.“
„Wir streiten nicht.“ Mike tätschelte Emmas Hand. „Wir diskutieren einfach nur.“
„Diskutieren?“ Zach verschränkte die Arme. „So nennst du das?“
Mike drehte sich zu Zach. „Es stimmt, Zach. Du hast keine

Wahl. Und ich in gewisser Weise auch nicht. Wir sind eine Familie. Und sitzen hier zusammen fest, ob uns das passt oder nicht."
Mike schob Zach sein Smartphone über den Tisch. „Hier. Nimm's. Aber bitte bring es nicht noch einmal an den Tisch."
Zach schnappte das Handy und schob seinen Stuhl zurück.
„Wo willst du hin?" Mikes Stimme klang ruhig und gleichmäßig. „Wir sind noch nicht fertig. Es gibt noch Nachtisch."
„Ich will keinen."
„Deine Entscheidung, aber niemand steht vom Tisch auf, bevor die Mahlzeit beendet ist."
„Noch eine von deinen bescheuerten Regeln?"
Mike nickte. „Bitte setz dich."
Den Rest der Mahlzeit verbrachte Zach stumm am Tisch sitzend, die Arme verschränkt und höhnisch grinsend.

19. Kapitel

Nach dem Abendessen verschwand Zach türenschlagend auf sein Zimmer. Als er den Abwasch beendet hatte, sah Mike fern. Emma und ich saßen links und rechts von ihm.
Jess rief an, um mitzuteilen, sie sei sicher zu Hause angekommen. „Das beruhigt mich“, sagte Mike.
Während Mike und Jess sprachen, hatte Emma die Fernbedienung. Sie zappte in Rekordtempo durch die Sender. Ich klinkte mich aus, zu sehr von Emma abgelenkt, um auf Mikes Unterhaltung zu hören.
„Reden wir morgen weiter.“ Mike hängte auf.
Früher als sonst brachte er Emma nach oben. „Morgen ist Schule“, erinnerte er sie.
Emma strahlte, blieb aber auf der Treppe stehen. Sie zog an Mikes Hand. „Darf Lucy heute bei mir schlafen?“
„Na klar.“
In der Küche hob Emma die Katze auf ihre Arme. Lucinda krallte sich miauend und fauchend im Teppich um ihren Turm fest, doch Emma zerrte sie los.
„Komm Lucy. Du schläfst bei mir.“
Die Treppe hinauf hing Lucy schlaff auf Emmas Armen, als habe man die Knochen aus ihrem Körper entfernt. Ich folgte Stufe für Stufe. Emma bog um die Ecke, und ich erhasch-

te einen Blick auf Lucindas über Emmas Schultern baumelnden Kopf. Ihre traurigen Augen flehten: *Bitte lass mich frei.*
Mike klopfte an Zachs Tür. „Alles in Ordnung? Brauchst du irgendwas?“
Keine Reaktion. Mike legte die Hand auf die Klinke, zog sie aber wieder weg. „Schlaf gut, Zach. Ich bin den Flur runter und lass meine Tür auf, sollte etwas sein.“
„Gute Nacht, Zach“, rief Emma.
Es gab keine Antwort.
„Vielleicht schläft er schon“, flüsterte Emma.
„Vielleicht. Vielleicht auch nicht.“
In ihrem Zimmer, das nur wenige Schritte von Mikes entfernt lag, hatte sich Emma zügig eingerichtet. Sie gähnte und streckte sich. Als Lucinda sich zu befreien versuchte, drückte Emma sie wie einer der Catcher im Fernsehen auf den Boden.
„Grandpa, erzähl mir eine Geschichte.“
Am Fuß des Bettes rollte ich mich auf meiner Decke zusammen. Der Höhepunkt meines Tages.
Mike setzte sich neben Emma aufs Bett. „Na, da wollen wir mal sehen.“ Er schaute zur Decke und nickte. „Okay. Mach die Augen zu.“
„Warum?“
„Damit du dir vorstellen kannst, was ich erzähle.“
„Oh. Okay.“ Emma zog Lucinda näher zu sich und schloss die Augen. „Fertig.“
„Es war einmal“, begann Mike.
Emma hob schnell den Kopf. „Das gefällt mir schon mal.“
Mike lachte leise. „Sehr gut. Jetzt mach wieder die Augen zu.“
Mikes Stimme wurde sanfter, wie immer wenn er eine Geschichte erzählte. „Es war einmal vor langer Zeit ein Prinz und sein treuer Hund Svana.“
Ich sah hoch. Diese Geschichte kannte ich. Mike sprach wei-

ter, und ich schloss die Augen. Stellte mir den Prinzen und Svana vor, wie sie nach dem Himmelreich suchten.

„Ende", sagte Mike ein wenig später.

Emma blieb eine Weile still. „Der Prinz und sein Hund sind jetzt also im Himmel?"

„So geht die Geschichte."

Emma rollte sich zur Seite und quetschte Lucinda. „Gefällt mir, die Geschichte."

Mike beugte sich herunter und küsste Emma auf die Stirn. „Schlaf gut, mein Schatz. Wenn du was brauchst, bin ich gleich um die Ecke."

In jener Nacht träumte ich von der Vielzahl leuchtender Sterne am Himmel. Ich sah Canis Major und den hellsten Stern darin, Sirius. Gab es da oben noch Platz für einen weiteren Stern?

Der Traum endete, als Emma in den Raum kroch und Lucinda hinter sich her zog. „Ich hab Angst, Grandpa."

„Schon gut." Mike schlug die Decken zurück. „Du kannst hier schlafen."

Den Rest der Nacht verbrachten Emma und Lucinda neben Mike. Ich schlief auf meiner Decke auf dem harten Boden. Nie und nimmer würde ich das Bett mit einer Katze teilen und schon gar nicht mit dieser Katze.

20. Kapitel

Die Sonne drang durch die Vorhänge, als Mike abrupt aufwachte. Er schaute auf die Uhr, stöhnte und warf die Decken zurück.

„Aufstehen, Emma. Wir haben verschlafen."

Mike hastete ins Bad. „Geh Zach wecken", rief er. „Wir müssen uns beeilen, sonst kommen wir zu spät."

Emma gähnte und rutschte vom Bett. Lucinda folgte ihr, was mir einen Moment Ruhe verschaffte. Ich hatte kaum geschlafen.

Den Flur entlang hörte ich, wie an eine Tür geklopft wurde, dann quietschende Sprungfedern, die geölt werden mussten.

„Zach, Grandpa sagt, du sollst aufstehen."

„Hau ab", schrie Zach. Die Tür schlug zu. „Ich hasse die Schule. Ich geh nirgends hin."

Das Geschrei hatte aufgehört, als Mike und ich zu Zachs Zimmer kamen. Leise wimmernd stand Emma neben der Tür. Lucinda war verschwunden.

Mike nahm Emma an der Hand. „Komm. Machen wir uns fertig."

Er führte Emma in ihr Zimmer, legte ihre Kleider auf dem Bett zurecht, wischte ihre Tränen ab und ging zurück an Zachs Tür. „Zach, kann ich reinkommen?"

Keine Reaktion. Mike öffnete die Tür und lugte ins Zimmer.
„Zach?"
Socken, Unterwäsche, Jeans und T-Shirts waren über den Boden verstreut. Überall lagen Blätter von Zachs Notizblock. Auf vielen erkannte man Skizzen wütender Leute, die sich anschrien.
In seiner Schlafanzughose stand Zach am Fenster. Er fuhr sich mit der Hand unter die Nase und schniefte.
„Ich geh nicht in die Schule."
Ich schlich mich in Zachs Zimmer. Die Klamotten auf dem Boden rochen unangenehm: der Schweißgestank eines ungewaschenen T-Shirts, dreckige Stinkesocken. Ich schnüffelte um den Haufen herum und atmete Zachs Gerüche ein.
Mike setzte sich aufs Bett. Die Federn stöhnten unter seinem Gewicht. „Natürlich", meinte er sanft. „Veränderung ist immer schwierig."
Zach wirbelte herum. „Woher willst du das wissen?"
„Kenn ich gut von mir selbst."
„Ach ja, und?"
„So ist das Leben. Ohne Veränderung geht's nicht."
Zach verschränkte die Arme und grinste höhnisch. „Wow. Der Kalenderspruch des Monats."
Mike nickte. „Ich verstehe deine Wut. Du machst eine schwierige Zeit durch. Ich bin hier um zu helfen, wenn du willst." Mike schaute zu mir. „Wir können alle helfen."
Zach zeigte auf mich. „Wir? Du meinst diesen Hunde-Winzling? Tolle Hilfe."
„Hilfe kommt in vielerlei Formen. Der Trick besteht darin, sie rechtzeitig zu erkennen."
Mich verletzte Zachs Bemerkung. Gerne hätte ich ihm geantwortet: *Wer ist hier der Winzling? In letzter Zeit schon mal in den Spiegel geschaut?*
Ohne diese Worte zur Verfügung zu haben, tat ich das Nächst-

beste. Ich fand Zachs Unterhose auf dem Boden. Schob meine Schnauze gegen die Vorderseite. Inhalierte seinen Geruch. Dann schlug ich die Zähne in den Stoff. Kaute und kaute und erschnüffelte alles, wonach Zach roch.
„Die Sache ist die, Zach.“ Mike stand auf und machte einen Schritt auf ihn zu. „Du musst mir helfen. Emma braucht dich in der Schule.“
Zach lachte. Er drehte sich um und sah aus dem Fenster. „Du spielst den besorgten Großvater? Guter Versuch. Aber: nein, danke. Ich geh nicht, und du kannst mich nicht zwingen.“
Bevor er weitersprach, atmete Mike tief durch. „Heute Nachmittag habe ich einen Termin. Den kann ich nicht verlegen, und er dauert. Du musst dafür sorgen, dass Emma sicher nach Hause kommt.“
Ich schaute Mike an. Seine Stimme klang rau. Er sprach langsam und mit schwerer Zunge. „Tust du das für mich? Und für Emma?“
„Was bringt mir das?“
„Wahrscheinlich gar nichts.“ Mike wich die Farbe aus dem Gesicht. „In Familien gehört sich das. Man hilft einander.“
„Wie helfen mir denn meine Eltern? Sie sind so sehr damit beschäftigt, sich zu hassen, dass sie mich komplett vergessen haben.“
„Da liegst du fa...“
Mike schwankte unsicher. Er setzte sich aufs Bett und holte ein Tablettenfläschchen aus der Tasche. Seine Hände zitterten, als er mit dem Verschluss kämpfte.
Ich ließ von Zachs Unterhose ab und stupste Mikes Bein an. Er schien es nicht zu bemerken.
Zach schwang herum. „Ich liege nicht falsch“, setzte er an. Als er das Fläschchen in Mikes Hand sah, verlor sein Gesicht den aggressiven Ausdruck. Er öffnete den Mund, um weiterzusprechen, schloss ihn jedoch wieder.

Mike steckte sich eine Tablette in den Mund. Langsam wurden seine Hände ruhiger. Sein rasselnder Atem beruhigte sich. „Tust du das für uns, Zach?“, wiederholte er.
Zach gab nach. Er schluckte und nickte. „Okay, ich mach’s.“ Erneut schaute er aus dem Fenster. „Für Emma. Nur dieses eine Mal.“
Mike verstaute das Fläschchen in seiner Tasche. „Danke, Zach. Ich wusste, dass ich auf dich zählen kann.“
Als ich Mike die Treppe herunter folgte, drang Geschrei aus Zachs Zimmer. „Dieser bescheuerte Hund. Ich bring ihn um. Schau, was er mit meiner Unterhose gemacht hat!“
Ich fühlte mich ein klitzekleines bisschen schuldig. Im Großen und Ganzen aber war ich rundum zufrieden.

21. Kapitel

Obwohl wir spät dran waren, liefen wir langsam zur Schule. Emma marschierte neben Mike, der sich vorsichtig bewegte, eine Hand auf Emmas Schulter, die andere hielt meine Leine. Zach trödelte mit verhageltem Gesichtsausdruck hinterher. Ich blieb in gebührendem Abstand vor ihm.
„Bescheuerter Hund“, murmelte er. „Das war meine Lieblingshose.“
Feuchtigkeit lag in der kalten Luft, was meine Arthritis verschlimmerte. Ich war dankbar für Mikes gemächliches Gehen. Immer wieder zeigte er Zach Dinge, die ihm helfen sollten, den Rückweg zu finden. Zach grummelte gelegentlich „Ja, hab’s kapiert“, sprach ansonsten aber kaum ein Wort.
Von meinen Spaziergängen mit Mike kannte ich den Weg. Nach zwei Häuserblöcken beim asiatischen Restaurant rechts. An der Feuerwache mit dem Mast, an dem eine Fahne flatterte, links. Am Spielplatz noch mal links.
Mike sah auf die Uhr. „Der Unterricht hat schon begonnen. Wir müssen uns im Büro anmelden.“
Er griff in die Tasche und holte einen Schlüssel hervor. „Zach, findest du den Weg nach Hause?“
Zach verdrehte die Augen. „Ja-a. Mit links.“

„Und du wartest auch auf Emma?"
Zach hob seinen Rucksack an und schnappte den Schlüssel. „Ich bin kein Kleinkind. Ich hab's versprochen, und das halte ich."
Er packte Emmas Hand. „Komm, bringen wir den Nervkram hinter uns."
Mike band meine Leine am Fahrradständer fest und tätschelte mir den Kopf. „Ich brauch nicht lang, Coop."
Mir kam es tagelang vor. Auf dem Asphalt ausgestreckt, behielt ich die Tür fest im Blick und erwartete Mike sehnlich. Fragte mich langsam, ob er mich abserviert hatte. Er wäre nicht der erste Besitzer gewesen, der mich einfach aussetzt. Schließlich nickte ich vor lauter Langeweile ein.
Es klingelte. Immer noch kein Mike. Traumverloren döste ich vor mich hin.
Stimmen weckten mich. Pause. Überall Kinder. Ich döste weiter.
Fühlte einen Stich. Zwei Jungs standen über mir, ein großer und ein kleiner, beide hielten Stöcke.
„Ich glaub's nicht", höhnte der Kleine.
„Was soll'n das sein?"
„Keine Ahnung. Eine potthässliche Dackeltöle."
Nach dem langen Warten rappelte ich mich unsicher auf. Soweit es die Leine zuließ, wich ich zurück. Ich kannte die Sorte. Schulhofschläger, die andere runtermachten, um sich selbst aufzuplustern.
Der kleinere Junge stieß mich mit seinem Stock. „Guck, er hat Angst."
Ich bellte. Ehrlich gesagt zu meiner eigenen Überraschung.
Die Jungs wichen zurück und kicherten nervös. Dann näherten sie sich mit wie Säbel gehaltenen Stöcken.
„Was soll das?", fragte eine barsche Stimme.
Mike.

Ich bellte weiter. War eigentlich unnötig, da Mike einen riesigen Schatten auf die Jungs warf. Irgendwie wollte ich aber Mike zeigen, dass ich mich selbst verteidigen konnte.
Mikes Augenbrauen schossen hoch. Er stemmte die Hände in die Hüften und stellte sich betont breitbeinig hin. „Ihr wolltet doch wohl meinem Hund nichts tun?"
Der kleinere Junge wich einen Schritt zurück. Der andere schluckte und würgte.
„Will ich auch schwer hoffen. Habt ihr nichts Besseres zu tun?"
Die Jungs nickten. Wortlos ließen sie ihre Stöcke fallen und rannten weg.
Mike lächelte, beugte sich herab und tätschelte mich. „Ist schon gut. Eine schöne Stimme, Coop. Gut zu hören, dass du dir nichts gefallen lässt."
Als er mich losband, schaute er auf die Uhr. „Ich hab viel Zeit verloren. Beeilen wir uns lieber."
Zunächst gingen wir zügig, und ich kam kaum mit. Aber beim asiatischen Restaurant blieb Mike völlig außer Atem stehen. „Ich brauch eine Minute, Coop." Er lehnte sich an die Wand.
Mike blieb noch zwei Mal stehen, bis wir daheim waren. Im Haus schluckte er eine Tablette, sackte auf einen Stuhl und hielt sich den Kopf. Ich setzte mich neben ihn. Selbst Lucinda – normalerweise so mit sich beschäftigt, dass sie solche Dinge gar nicht mitbekam – sprang von ihrem Turm, um zu sehen, was mit ihm sei.
„Es ist alles in Ordnung", schnaufte Mike. „Alles in Ordnung."

22. Kapitel

Mike fuhr gleich nach dem Mittagessen. Lucinda lümmelte auf ihrem Turm. Ich lag auf meiner Decke und holte den letzte Nacht versäumten Schlaf nach.
Das Geräusch quietschender Türangeln weckte mich auf. Füßestampfen auf dem Boden. Die Küchentür öffnete sich. Emma rannte herein. Sie warf ihren Rucksack auf einen Stuhl, tätschelte meinen Kopf und eilte zu Lucinda.
„Ich hab dich so vermisst, Lucy."
Sie packte die Katze mit beiden Arme und rannte in den Flur. Kurz sah ich Lucindas trauriges Gesicht, als Emma um die Ecke bog und die Treppe hoch stapfte.
Langsam begann mir Lucinda leid zu tun. Sie konnte sich nirgends verstecken, hatte keine sichere Ecke außerhalb von Emmas Zugriff. Ich entspannte mich, dankbar dafür, Emmas übertriebener Zuneigung zu entgehen.
Normalerweise ließ mich Mike nach draußen, sobald er eintraf. Jetzt wartete ich an der Hintertür, aber keiner bemerkte es. Jaulen und Bellen half nicht. Immer noch keine Reaktion. Aus dem Wohnzimmer hörte ich Stimmen, gefolgt von Beifall. Um nachzusehen, kroch ich durch den Flur.
Zach lag ausgestreckt auf dem Sofa, die Füße auf dem

Couchtisch. In der einen Hand hielt er die Fernbedienung, mit der anderen presste er ein Taschentuch gegen seinen Mund. Auf der geschwollenen Wange hatte er einen blauen Fleck. Auch sein rechtes Auge war dunkel unterlaufen. Als er das Taschentuch wegzog, sah ich Blut darauf.

Ich stupste Zachs Bein an, doch er starrte weiter auf den Fernseher. Mit den Pfoten bearbeitete ich das Sofa und bellte, um die Botschaft zu unterstreichen. *Ich muss raus!*

„Gib Ruhe, Köter!", knurrte Zach und scheuchte mich mit der Hand weg.

Ich kroch zu einer geschützten Stelle in der Nähe des Fernsehers, weit genug entfernt von Zach. Ihm traute ich nicht. Seine Wut war durchs ganze Zimmer spürbar.

Einige meiner früheren Besitzer hatten sich genauso wenig unter Kontrolle. Einer schwitzte immer und hatte eine massive Wampe. Meistens verhielt er sich halbwegs freundlich, nur nicht, wenn er betrunken war. Eines Tages erhob er sich torkelnd vom Sofa und stolperte mit einem Drink in der Hand über mich. „Aus dem Weg, Dreckstöle", schrie er. Dann trat er mich so brutal, dass ich an die Wand krachte.

Auf meiner Decke gab es eine Erinnerung an unser kurzes Zusammenleben: einen gelben Whiskyfleck von dem Glas, das darauf gelandet war.

Zach konzentrierte sich schließlich auf eine Raumfahrt-Sendung auf *National Geographic*. Das überraschte mich, weil er sich sonst immer nur für Musik und Sport interessierte. Zwischen einer großen Vase und einem Couchtisch auf meine Decke gekuschelt, behielt ich ein Auge auf dem Fernseher, das andere auf Zach.

Die Fernsehbilder waren grieselig, aber faszinierend. Sie zeigten eine Rakete vor dem Start. Ein Mann mit einer sanften Stimme kommentierte die Szene.

„Am 3. November 1957 startete die Sowjetunion Sputnik 2.

Es war die erste Rakete, die ein Tier in den Weltraum transportierte."
Ich sah das Foto eines Hundes. „Laika, eine Mischlingshündin, hatte man wegen ihres ausgeglichenen Temperaments ausgewählt. Sie war ein Findling und wurde auf den Straßen Moskaus aufgegriffen."
Mein Interesse wuchs. Laika sah Max aus dem Tierheim sehr ähnlich: eine sibirische Husky-Terrier-Mischung.
Das Bild wechselte zu verwischten Aufnahmen einer kegelförmigen Kapsel und den Instrumenten darin. Ein Foto zeigte eine versiegelte Kabine nur für Laika.
„Damals", fuhr der Kommentator fort, „wusste man wenig über die Auswirkungen der Raumfahrt auf Lebewesen. Sputnik 2 war ein Experiment, um zu testen, ob ein Passagier den Flug in die Erdumlaufbahn überleben konnte."
Andere Fotos folgten rasch hintereinander. Laika in der engen Kapsel sitzend. Laika mit einem besonderen Hundegeschirr. Laika mit Drähten, die von dem Geschirr zu einem Armaturenbrett liefen.
Ich kroch näher zum Fernseher. Laika wirkte unglaublich ruhig.
Wieder sah man die Archivaufnahmen der Rakete auf der Startrampe. Wasserdampf entwickelte sich unter der Rakete. Sie hob ab, zuerst langsam, danach immer schneller, bis sie in den Wolken verschwand.
Die Stimme des Erzählers schaltete sich erneut ein. „Der Start erfolgte um 17:30 Uhr Moskauer Zeit. Sputnik 2 umkreiste die Erde wie geplant. Daten zeigten, dass Laikas Herz- und Atemfrequenz zwar beim Start zunahm, sie die Erdumlaufbahn jedoch unverletzt erreichte."
Plötzlich wechselte der Sender. „Langweilig und dämlich", murmelte Zach und hämmerte auf die Fernbedienung.
Laika? Wie ging es weiter mit ihr?

Flehend schaute ich Zach an. *Schalt zurück. Bitte!*
Aber Zach blieb auf einem anderen Sender. „Das ist schon besser."
Zwei Männer in kurzen Hosen standen in einem Ring. Eine Glocke ertönte. Die Männer tänzelten herum und schlugen mit riesigen Handschuhen aufeinander ein. Die Glocke läutete wieder, und die Männer hörten auf. Von der Lippe des einen tropfte Blut. Als die Glocke erklang, prügelten sie sich weiter.
Lächelnd lehnte sich Zach vor. Im Widerschein des Fernsehers sah sein blaues Auge noch dunkler aus.
„Leg ihn mit einem Kinnhaken flach", schrie er.
Dieser Sport interessierte mich nicht. Stattdessen döste ich. Es war aber ein unruhiger Schlaf. Ich bekam Darmkrämpfe. Musste so dringend, dass ich fast platzte.

23. Kapitel

Im Gegensatz zu Menschen, die in der Lage sind, Türen zu öffnen, Toilettenspülungen zu betätigen und selbständig ihre privaten Bedürfnisse zu erledigen, brauchen Hunde – jedenfalls die erzogenen – ihre Herrchen, wenn es um die Ergebnisse ihrer Verdauung geht. Wir können Hinweise geben: bellen, springen, uns winden. Um unsere Signale nicht zu verstehen, muss man schon ein Volltrottel sein. Oder faul und gleichgültig. Oder jemand wie Zach, der so sehr mit sich selbst beschäftigt war, dass er nichts anderes mitkriegte.
Keine Ahnung, wie lange ich döste. Ich wachte auf, als Emma vor ihrem Bruder stand. „Ich hab Hunger." Sie tätschelte sein Bein.
Er schob sie zur Seite, damit er wieder den Fernseher im Blick hatte. „Grandpa kommt bald zurück."
Emma ließ sich auf einen Stuhl fallen, verschränkte die Arme und schürzte die Lippen. „So lang halt ich's nicht aus."
Diese Worte hallten in meinem Kopf wider. Ich hielt es auch nicht mehr aus. Nicht vor Hunger – obwohl ich auch Hunger hatte – sondern weil ich so verzweifelt musste.
Bellend tänzelte ich vor Zachs Beinen herum.

„Schnauze, Köter.“ Mit einer Zeitschrift schlug er nach mir.
„Nicht, Zach.“ Emma versuchte, Zach die Zeitschrift zu entreißen.
Während sie darum rangelten, rannte ich in die Küche. Bellte und bearbeitete die Hintertür mit den Pfoten. Länger konnte ich nicht warten. Keine Sekunde.
Also machte ich es. Direkt dort. Hinterließ einen großen stinkenden Haufen auf dem Teppich neben der Tür.
Den restlichen Nachmittag versteckte ich mich vor Scham unter dem Stuhl in der Ecke. Zach und Emma kamen mehrfach in die Küche, um Essen zu holen und ins Wohnzimmer zu bringen. Keiner bemerkte mich oder schien den Haufen neben der Tür zu riechen. Nicht einmal Lucinda, die sich so weit von Emma entfernt hielt wie möglich.
Stunden später, lange nach Mikes üblicher Zeit, hörte ich das Klirren von Schlüsseln an der Haustür und ein schwaches „Da bin ich wieder, Kinder.“ Mühseliges Schlurfen im Eingangsflur. Keuchend stolperte Mike in die dunkle Küche. Ein Geruch nach Chemie erfüllte den Raum. Mike schaltete das Licht an. Sah das Essen auf der Anrichte, die geöffneten Packungen mit Snacks auf dem Tisch und die Krümel auf dem Boden.
Mike schüttelte den Kopf. Er schlenderte zu Lucindas Turm und streichelte ihr Fell. „Ziemlicher Murks, Lucy“, seufzte er und schaute sich im Zimmer um. „Wo ist Coop?“
Er fand mich gekrümmt und in der Ecke versteckt. „Was machst du dort hinten?“ Mit knackenden Gelenken beugte er sich zu mir. „Komm, Coop.“
Doch ich drückte mich tiefer in die Ecke, schämte mich und befürchtete die Höchststrafe: das Tierheim, in dem Mike mich sicher abliefert, sobald er sieht, was ich getan habe.
Mike drohte mit dem Finger. „Was stimmt nicht, Coop?“ Er richtete sich auf und wandte sich zur Tür. „Komm, gehen wir raus.“

Wollte ich aber nicht. Ich wollte nur vom Erdboden verschluckt werden.
Mike schlurfte durch die Küche. Ich hörte ihn seufzen. Auf eine Weise fluchen, die ich hier nicht wiedergeben kann.
„Was ist das denn? Zach! Komm her. Du auch, Emma."
Zach bog um die Ecke, gefolgt von seiner Schwester. Zu neugierig darauf, was passieren würde, kroch ich aus meinem Versteck.
„Schaut euch das an", zeigte Mike auf den Haufen. „Habt ihr Coop etwa nicht nach draußen gelassen, als ihr heimkamt?"
Er wollte noch etwas sagen, unterließ es aber. Ging auf Zach zu und berührte ihn im Gesicht. „Was ist mit dir passiert?"
Zach schlug seine Hand weg. „Gar nichts."
„Er hat sich geprügelt", sagte Emma.
Zach ballte die Faust. „Klappe, Emma."
Emma wich zurück, und ihr kamen die Tränen.
„Stimmt das, Zach?", fragte Mike.
„Ja, was soll's? Du hättest den anderen Typ sehen sollen." Zach wirbelte herum, riss die Tür auf und stürmte hinaus. „Lass mich einfach in Ruhe, ja!"
In der Küche herrschte Stille. Mike schüttelte den Kopf. Vorsichtig setzte er sich auf einen Stuhl und musste sich dabei an der Tischkante festhalten. Sich einen Schweißtropfen von der Stirn wischend, zog er Emma näher.
„Ich wollte Zach keinen Ärger machen", schluchzte sie.
Mike wischte ihre Tränen ab. „Er ärgert sich über sich selbst. Er kriegt schon die Kurve. Das braucht nur Zeit."
Später ließ Mike mich nach draußen. Zach saß schluchzend im Dunklen auf der Bank.
„Das ist nicht fair. Einfach nicht fair."
Als Mike mich wieder hineinließ, hing der Geruch von Desinfektionsmittel in der Luft. Neben der Tür stand ein Eimer mit Seifenlauge. Darin lag ein Schwamm.

Ich wich der feuchten Stelle aus und wagte es nicht, Mike anzusehen.
„Schon gut. Ist okay, Coop. War nicht dein Fehler.“
Zach ging auch um die feuchte Stelle herum. Er hielt den Kopf gesenkt und vermied wie ich jeden Augenkontakt mit Mike. Zach sagte nichts. Mike aber auch nicht.

Das Abendessen verlief angespannt und hastig. Zach stocherte in seinem Essen und sprach kein Wort. Mike schien in Gedanken verloren. Nur Emma redete. Sie plapperte über ihre Lehrerin und die neuen Freundinnen in der Schule.
Danach verschwand Zach auf sein Zimmer und kam nur noch einmal heraus, um ins Bad zu gehen. Mike bewegte sich schwerfällig und musste mehrfach auf der Treppe stehenbleiben. Er las Emma eine Geschichte vor und deckte sie zu. Einen Moment stand er mit der Hand auf dem Türgriff vor Zachs Tür, schüttelte jedoch den Kopf und ging in sein eigenes Zimmer.
Mitten in einem Kapitel aus *Alles über Hunde* klingelte das Telefon.
„Bist du das, Jess?“
Mike runzelte die Stirn. „Wer ist dran?“
Ich schob mich näher und stellte die Ohren auf.
„Wer ist dran?“, fragte Mike erneut.
Aus dem Hörer drang eine knurrende Stimme.
Mike schlug die Decken zurück und schwang sich aus dem Bett. „Rick?“
Ich kroch zum Rand der Matratze, als Mike im Zimmer herumtigerte. Sein Gesichtsausdruck wurde besorgter. „Rick. Sie sind nicht hier, glaub mir.“
Beide redeten kurz weiter. Mike sprach zwar ruhig, aber mit zitternder Stimme. „Ruf nicht mehr an, Rick.“ Er knallte den Hörer auf die Gabel.

Schnaubend kam Mike zurück ins Bett. Schüttelte den Kopf und schaute Eva an. „Ich hab gelogen, Liebling. Ging nicht anders.“
In jener Nacht kuschelte ich mich ganz eng an Mike und drückte meinen Kopf gegen seinen sich hebenden und senkenden Brustkorb. Während ich auf seinen unregelmäßigen Herzschlag und die langen Pausen dazwischen lauschte, schlief ich ein.

24. Kapitel

An den folgenden Tagen gewöhnten wir uns an neue Abläufe. An Werktagen gingen Zach und Emma zur Schule und kamen zusammen zurück. Gewöhnlich war Mike dann wieder zu Hause und hatte das Abendessen fast fertig. Wenn nicht, ließ Emma mich nach draußen. Zach machte es sich unterdessen auf dem Sofa gemütlich und sah fern.

Ich lernte, seine Laune daran zu erkennen, wie er mit der Fernbedienung umging. War er wütend, schaltete er hektisch von Sender zu Sender und blieb nur selten ein paar Sekunden hängen. Länger schaute er nur Kampfsport-Übertragungen, bei denen die Zuschauer herumschrien, während zwei Leute aufeinander einschlugen.

An diesen Tagen hielt ich mich von Zach fern.

Jess rief jeden Abend an. Sie wollte immer mit den Kindern sprechen. Emma kam ans Telefon, begierig zu erzählen, was sie alles erlebt hatte. Zach nicht. Er weigerte sich, mit Jess zu reden. Verbrachte die Abende hinter geschlossener Tür in seinem Zimmer.

Mike erwähnte gegenüber Jess nie Ricks Anruf, doch ich erfuhr aus ihren Gesprächen einige Dinge. Rick führte sich schlimmer denn je auf. Mehrere Male am Tag rief er Jess an.

Verlangte, mit Zach und Emma zu sprechen, beschimpfte und bedrohte Jess, weil sie nicht ans Telefon kamen. Erwähnte Jess die ausbleibenden Alimente, jammerte er, er habe kein Geld. Das hielt ihn jedoch nicht davon ab, einen neuen Sportwagen zu kaufen. An vielen Abenden parkte er sein glänzendes rotes Cabrio vor Jess' Haus, um stundenlang Ausschau zu halten.

Jess war mit den Nerven fertig. Kein Wunder.

„Die Lage wird ernst", meinte Mike eines Abends zu Jess.

Beim Zuhören rieb er sich das Kinn mit seinen knotigen Fingern. „Das ist ein großer Schritt, Jess. Ein neuer Job. Eine neue Stadt. Ein neuer Anfang. Aber du hast alles andere versucht."

Ich schaute zu Mike. *Ein neuer Anfang*. Mit so etwas kannte ich mich aus.

Mike schüttelte den Kopf. „Die Kinder gewöhnen sich dran. Emma ist jung. Ihr fällt das leicht. Zach? Irgendwann kriegt er die Kurve."

Mike nahm den Hörer in die andere Hand. „Natürlich werd ich dich vermissen. Doch du musst an dich und die Kinder denken. Ihr braucht Ruhe und Frieden, auch wenn es weit weg ist."

Kurz darauf beendete Mike das Gespräch. „Mach dir um mich keinen Kopf, Jess. Ich komm schon klar."

Nachdem er aufgelegt hatte, saß Mike lange stumm da. Bestimmt wusste er, der letzte Satz war eine weitere Lüge. Er kam nicht klar. Ganz und gar nicht.

Eines Nachmittags war Mike sehr verspätet. Emma spielte in der Küche mit Lucinda. Zach klickte sich durch die Fernsehsender. Mies gelaunt. Schlimmer als sonst. Ich hielt mich von ihm fern und suchte mir ein Plätzchen auf der anderen Seite des Raums. Als das Telefon klingelte, ließ Zach es ein

Dutzend Mal läuten, bevor er den Hörer von der Gabel riss.
„Was ist?", blaffte Zach.
Man hörte eine Stimme am anderen Ende. Klang nach Mike. Zach legte den Kopf in den Nacken und starrte an die Decke. „Das ist nicht dein Ernst."
Er schwang die Beine vom Sofatisch und beugte sich vor. „Verstehe", wiederholte er mehrfach.
Schließlich nickte er und zuckte mit den Achseln. „Von mir aus. Dann hab ich wohl keine andere Wahl."
Zach schaltete den Fernseher aus und ging in die Küche. „Grandpa kommt noch lange nicht nach Hause."
Emma packte Lucinda heftiger. Die Katze trug einen ihrer Pullis. Mit ihren Vorderbeinen in den Ärmeln sah sie wie ein zu dick gepolsterter Sessel aus.
„Warum? Wo ist er?"
„Sagt er nicht. Aber ich bin jetzt der Boss."
Zach öffnete den Kühlschrank. „Also. Was essen wir heute Abend?"
Ich platzierte mich neben Emma, nahe genug am Kühlschrank, um hineinzulugen. Zach holte einen Plastikbehälter heraus und hob den Deckel. „Bäh! Vergammelter Hackbraten." Er wühlte weiter herum und murmelte vor sich hin, während er Gläser und Plastiktüten aufmachte.
Schließlich schlug er die Tür zu. „Nichts Vernünftiges da. Alles Schrott."
Lucinda wand sich, doch Emma hielt sie fest. „Ich hab Hunger, Zach."
„Ja-a. Ich auch."
Zach lief in der Küche herum und suchte in den Schränken. „Gar nichts. Außer du willst Müsli. Dazu gibt's aber keine Milch."
Plötzlich hielt er inne. „Wart mal."
Er öffnete die Keksdose und nahm eine Handvoll Münzen

und einige Geldscheine heraus. „Besorgen wir uns was. Die Straße runter ist ein Lebensmittelmarkt."
Emma zögerte. „Meinst du wirklich?"
Doch Zach war bereits an der Tür, in der einen Hand die Schlüssel, in der anderen das Geld.
Emma ließ Lucinda los. Die Katze sprang in ihrem Pullover auf den Turm. Ich umkreiste Emma, als sie ihre Jacke anzog. Nach einem langen Tag in stickiger Luft brauchte ich auch etwas Auslauf.
„Coop will mit", sagte Emma.
„Komm schon. Tempo."
Zügig liefen wir den Gehsteig entlang. Emma hielt meine Leine. Zach ging voran. Ein leichter Wind raschelte in den Bäumen, und man roch Blüten. Ein wunderbarer Juniabend. Ohne die Sorgen um Mike hätte ich ihn mehr genossen. Wo steckte er? Warum war er noch nicht zu Hause?
Wo Emma zwei Schritte machte, brauchte Zach nur einen. Sie musste rennen, um mitzuhalten, und zerrte mich an der Leine hinter sich her. Meine Beine wurden weich. Wir hasteten an vertrauten Häusern und Gärten entlang.
„Langsamer", flehte Emma.
Wir stürmten erst eine Straße hinunter, dann eine weitere und dann noch eine. Einen Häuserblock weiter überquerte Zach eine Kreuzung. Wir sprinteten durch ein Geflecht von Sträßchen und Gassen. Passierten Gebäude, die ich nicht wiedererkannte. Schließlich kamen wir an einen dicht befahrenen Highway.
„Also", meinte Zach, „hier muss es irgendwo sein".
Autos rasten vorüber. Ihre Scheinwerfer durchbrachen die einsetzende Dunkelheit. Auf der gegenüberliegenden Straßenseite leuchteten Reklamen für Geschäfte und Läden.
„Wo sind wir?" Emma war außer Atem. Im Lärm des Verkehrs klang ihre Stimme dünn und ängstlich.

Auch ich war außer Atem. *Genau, wo sind wir?* In dieser Ecke war ich noch nie gewesen.
Ein Sattelschlepper donnerte vorbei, und wir bekamen Steinchen und Staub ab. „Muss ganz in der Nähe sein." Zach schaute den Highway hinunter nach links und rechts.
„Ich dachte, du kennst den Weg!"
„Wir müssen irgendwo falsch abgebogen sein." Zach steckte die Hände in die Hosentaschen und zuckte mit den Achseln. „Komm. Gehen wir zurück."
„Kann ich nicht", schluchzte Emma. „Ich bin zu müde und hungrig."
„Das schaffst du, Em", meinte Zach sanft. „Wir ruhen aus, wenn du nicht mehr weiterkannst. Es ist nicht weit. Wir finden den Weg schon. Versprochen."
Zach log. Wir hatten uns völlig verlaufen.

25. Kapitel

Dunkelheit verschluckte uns. Verkehr röhrte laut.
„Ich hab Angst", schniefte Emma.
„Ich weiß."
Es war ein anderer Zach. Nicht der pampige Großkotz von vor einer Stunde. Richtig zärtlich. Ich stupste sein Bein an. Hatte auch Angst.
„Hau ab, Köter", schob Zach mich weg.
Okay, so anders auch wieder nicht.
„Komm, Em." Zach nahm seine Schwester an der Hand. Emma zog sanft an der Leine, damit ich ihr folge. Wir liefen den Seitenstreifen des dicht befahrenen Highways zurück. Die Straße hinunter, die zum Highway geführt hatte. Dann die nächste.
Scheinwerfer warfen gespenstische Schatten. Gebäude sahen aus wie grau und schwarz gestrichen. Keines erkannte ich.
„Mir tun die Füße weh", jammerte Emma.
Meine mir auch. Der Schmerz zog über die Pfoten in meine empfindlichen Gelenke. Jeder Muskel tat weh.
„Ist nicht mehr weit, Em. Gleich hinter der Ecke."
Noch eine Lüge Zachs, wie sich herausstellte. Die Straße war so fremd und leer wie die anderen. „Dann muss es hinter der nächsten sein", behauptete er lahm.

Emma entzog Zach ihre Hand. Unvermittelt blieb sie stehen. Eine große Träne rann ihr die Wange hinab. „Du weißt nicht, wo wir sind, oder?"
Zach blickte die Straße entlang auf Häuser, die sich alle ähnelten. „Hätt ich bloß mein Handy mitgenommen."
Als ein Auto um die Ecke bog, trat Zach auf die Straße und wedelte mit den Armen. Vielleicht sah der Fahrer Zach nicht. Vielleicht ignorierte er ihn. Jedenfalls fuhr er weiter und ließ uns stehen. Das Summen des Highways war nur noch eine ferne Erinnerung.
Emma schluchzte. Zach ging einen Schritt, hielt inne, trat zurück. In seinen Augen erkannte ich Zweifel und Unsicherheit. Vielleicht sogar ein wenig Angst.
Ich fragte mich, ob Mike inzwischen daheim war. Bestimmt würde er uns suchen. Bestimmt machte er sich Sorgen.
Über Emmas Schluchzen hinweg hörte ich ein leises Geräusch, das der Wind heranwehte. Metall, das gegen Metall schlug. Ich drehte mich zu Zach und Emma. Hörten sie es auch? Doch Zach starrte nur auf den Boden und kickte Steinchen weg.
Kling. Kling. Ich kannte das Geräusch. Wo hatte ich es gehört? Natürlich. Die Feuerwache. Die Haken der Fahne am Mast. Das war das Geräusch.
Ich bellte und zog an der Leine, so dass Emma fast umfiel.
„Halt's Maul, Köter", schrie Zach.
Ich tanzte um Emma herum und bellte lauter. Zog erneut, jetzt kräftiger, so fest, dass ihr die Leine aus der Hand fiel.
„Coop!", kreischte Emma.
Befreit rannte ich los und bellte schrill. Ein paar Häuser weiter schaute ich zurück. Emma rannte hinter mir her, wedelte mit den Armen und jammerte. „Coop! Komm zurück!"
Zach eilte ihr nach. „Em! Warte."
Mit jedem Schritt wurde das Metallgeräusch lauter. Außer

Atem bog ich um die Ecke und blieb unter einer Straßenlampe stehen. Weiter vorne wehte die Fahne an der Feuerwache im Wind. *Kling, kling*, tönten die Haken bei jedem Schlag gegen den Mast.

Kurz darauf hatten Emma und Zach mich schnaufend und keuchend eingeholt.

„Du blöder Hund“, keifte Zach.

Er holte aus, um mich zu treten, doch Emma hinderte ihn daran.

„Nicht, Zach“, schrie sie.

Zach ballte die Fäuste. Ließ die Arme fallen. „Dämlicher Köter.“

Er packte die Leine, zerrte heftig daran, drehte sich um und wollte zur anderen Straßenseite. „Komm, Em. Wir müssen hier lang.“

Ich krallte mich mit den Pfoten auf den Gehsteig. Bellte wieder, diesmal heftiger. *Schaut.*

Emma bemerkte es als Erste. „Zach!“ Sie zeigte die Straße hinunter auf ein großes Gebäude im Licht einer Reihe von Straßenlampen am Rand eines Spielplatzes.

Zach kratzte sich am Kopf. „Sieh mal an, die Schule.“ Er lugte kurz zu mir. „Anscheinend ist der Hund doch gar nicht so blöd.“

Aus Zachs Mund war das ein Kompliment.

Ich bellte und wollte mehr Lob hören.

„Halt's Maul, Köter“, befahl Zach.

26. Kapitel

Das Zuhause nahte. Obwohl ich es nicht gemusst hätte, ging ich voran. Ignorierte die Schmerzen in den Beinen und meinen völlig ausgetrockneten Rachen. Schnell vorbei am asiatischen Restaurant, die Straße mit dem schiefen Haus hinunter, danach die mit dem riesigen Nadelbaum. Ich zog Emma, während Zach zurückhing und sich Zeit ließ. In seinen Taschen klimperten Münzen. Münzen aus Mikes Keksdose. Der Grund meiner Eile war meine Sorge. Sorge um Mike. Sorge, dass er sich Sorgen macht.

Über Sorgen wusste ich Bescheid. Sie hatten mich mein ganzes Leben lang begleitet. Am meisten sorgte ich mich um mich selbst. Wann würden meine Besitzer genug von mir haben? Mich an irgendeiner entlegenen Straße aussetzen? Oder zu einem Tierheim bringen und dort zurücklassen?

Das hier war eine andere Art Sorge. Keine egoistische. Sondern eine um Mike. Es ging ihm schlecht. Man musste kein Superhirn sein, um das zu erkennen. Seine Kurzatmigkeit. Das Klammern ans Treppengeländer. Die vielen Tabletten. Alles verschlimmerte sich.

Ein Telefonat, das ich eines Tages mithörte, gab weiteren Aufschluss. „Doktor Poon“, hatte Mike gesagt, „entschul-

digen Sie, aber ich kann heute nicht ins Krankenhaus kommen. Könnten wir den Termin verlegen?"
Abrupt hob ich den Kopf. *Krankenhaus?* Danach sorgte ich mich umso mehr um Mike.
Aus den Fenstern des Hauses fiel Licht, als wir die Einfahrt erreichten. Wild bellend sprang ich die Stufen hinauf. Emma folgte atemlos und aufgeregt. Zach zog sich die Kapuze seines Hoodies über, steckte die Hände in die Hosentaschen und blieb hinter uns.
Die Tür ging auf, und Mike kam heraus. Er sah fürchterlich aus: kreidebleich, eingefallene Augen, wacklig auf den Beinen. Auf seinem Gesicht erschien ein Lächeln, als er uns sah.
„Gott sei Dank." Er umarmte Emma. Ich tanzte um ihn herum und jaulte. Zach starrte auf die Häuser der anderen Straßenseite.
„Kommt rein. Kommt rein", winkte Mike.
An jenem Abend schlürfte ich so viel Wasser, dass mein Napf komplett leer wurde. Und fraß jeden Bissen, den Mike mir gab. Dann legte ich mich auf meine Decke und verfolgte, wie Mike und die Kinder schnell zubereiteten Toast mit Rühreiern verschlangen. Lucinda richtete sich neben Emmas Stuhl ein und schnurrte zufrieden.
Vielleicht bildete ich mir das nur ein, aber es wirkte, als habe auch sie uns vermisst.
Mike stellte nicht viele Fragen. Musste er nicht. Emma plapperte die ganze Zeit und schilderte alles haarklein. Wie wir den Lebensmittelmarkt gesucht hatten. Uns verliefen. Wieder nach Hause fanden.
„Ohne Coop wären wir immer noch unterwegs", betonte sie und ließ ein bisschen Rührei auf den Boden fallen.
„Gut gemacht, Coop", lobte Mike.
Ich stupste sein Bein an. Es war schön, ausnahmsweise der Held zu sein.

Emma ließ einige Details aus, die Mike auffielen. Nach dem Essen wandte er sich an Zach.

„Hast du etwas hinzuzufügen? Etwas, das du loswerden möchtest?“

Zach schüttelte den Kopf. „Emma hat so ziemlich alles gesagt, was zu sagen ist.“

Mike nickte. „Verstehe. Du warst verantwortlich, oder? Und das Ganze war deine Idee?“

„Ja-a“. Zach sprach so leise, dass ich ihn kaum verstand.

„Und?“

„Und es war anscheinend keine sonderlich gute Idee.“

„Und?“

Zach griff nach der Tischkante und lehnte sich zurück. „Ich nehm an, ich hätte eine Nachricht dalassen sollen.“

„Und?“

„Und nichts. Was willst du von mir hören? Es war eine blöde Idee. Geb ich ja zu.“

Mike nickte. „Ja, das war es. Aber es gibt noch etwas.“ Er nahm die Keksdose von der Anrichte. „Der Deckel war auf. Ich habe mich gefragt, warum.“

Wortlos starrte Zach auf seinen Teller.

Mike stellte die Dose vor ihn auf den Tisch.

„Ich hab nur ein paar Münzen genommen.“ Zach schob seinen Stuhl nach hinten. „Keine Bank ausgeraubt.“

„Und dadurch ist es okay?“

Zach wand sich. „Du warst nicht da, also konnt ich nicht fragen. Es gab nichts zu essen. Das war deine Schuld. Wann hast du überhaupt das letzte Mal Lebensmittel eingekauft?“ Zach rutschte mit dem Stuhl weiter zurück. „Du denkst nur an dich.“

„Tut mir leid“, stotterte Mike. „Muss ich ... muss ich vergessen haben.“

Zach griff sich in die Tasche, holte eine Handvoll Münzen

und Geldscheine heraus und knallte sie auf den Tisch. „Da hast du dein bescheuertes Geld."
Er stand auf und warf dabei seinen Stuhl um.
„Zach, setz dich bitte ..."
Mike wurde blass. Er zuckte zusammen, hielt sich die Brust und zeigte auf das Fläschchen auf der Anrichte. „Meine Tabletten."
Zach stand starr wie eine der Skulpturen draußen. „Wie viele?", fragte er schließlich.
„Nur eine."
Zach gab Mike die Tablette. „Wie oft passiert das?"
„Ganz selten", log Mike.
Langsam legte sich Mikes rasselndes Atmen. Farbe kehrte in sein Gesicht zurück.
Während sich Mike und Emma auf dem Sofa ausruhten, räumte Zach das Geschirr vom Tisch und spülte es. Später half er Mike nach oben und kümmerte sich um ihn. Emma las er eine Geschichte vor und deckte sie zu. Dann ging er durchs Haus, schloss die Türen und schaltete das Licht aus. Zu meiner Verblüffung tätschelte er mir sogar den Kopf.
„Du bist zwar potthässlich, aber anscheinend warst du heute nicht der Dümmste."

27. Kapitel

Eine Woche nach dem Vorfall mit dem Lebensmittelmarkt kam Jess. In der einen Hand hielt sie Luftballons an einer Kordel, in der anderen eine große Schachtel.
Emma rannte zur Tür. „Sind die für mich?“
Jess grinste. „Wie kommst du denn darauf?“
Emma stemmte die Hände in die Hüften. „Wieso wohl? Ich hab Geburtstag!“
Dass Emma Geburtstag hatte, wussten wir. Seit Tagen bereitete sie alles vor. Die Küche wurde mit Luftschlangen dekoriert. Auf dem Tisch lag eine Papierdecke, die Mike im Ein-Dollar-Laden gekauft hatte. Den Tisch deckte Emma mit bunten Papptellern. Für jeden ihrer Gäste fertigte sie ein Namensschildchen an. Und Partyhüte, sogar für Lucinda und mich.
Bei der Party trugen Mike und Jess ihre Hüte. Zach weigerte sich. Zehn Minuten, nachdem Emma ihn festgebunden hatte, riss ich meinen ab. Doch Lucinda bekam ihren nicht los. Er war mit Klebeband und Gummibändern befestigt.
Unter meinem Stuhl beobachtete ich, wie sechs Mädchen aus Emmas Klasse Lucinda durch die Küche jagten. Die arme Katze rannte immer wieder um den Tisch und versuchte, den

zupackenden Händen zu entgehen. Schließlich wollte sie auch unter meinen Stuhl. Lucinda war aber nicht schnell genug. Und nicht dünn genug. Ihr Hinterteil hing halb heraus. Der Schwanz war eine Einladung für enthusiastische Hände. Eines der Mädchen griff ihn und zerrte Lucy hervor.

„Ich find sie ganz toll“, säuselte das Mädchen. Es umarmte die Katze so fest, dass ich dachte, Lucinda platzt gleich.

Ich blieb möglichst lange unter dem Stuhl. Aus irgendeinem Grund fühlte ich mich unwohl. Etwas Schreckliches würde geschehen. Das spürte ich tief in mir drinnen.

Der Star der Party war Lucinda. Zach versteckte sich in seinem Zimmer. Mike hielt sich müde lächelnd im Hintergrund. Jess übernahm das Kommando und organisierte Partyspiele, um für etwas Ordnung zu sorgen.

Danach klatschte sie in die Hände. „Setzt euch alle hin.“

Die Mädchen schnappten sich Stühle und nahmen am Tisch Platz. Lucinda floh in die Mitte der Küche, nahe genug, um Essen zu erwischen, das herunterfiel, doch außer Reichweite der Mädchenhände.

„Zach“, rief Jess. „Bitte komm runter.“

Zach schlich in die Küche. Die Hände in den Hosentaschen stand er nahe der Tür und verdrehte die Augen. Mit der Kamera in der Hand stellte sich Mike neben den Tisch. Jess machte sich an der Anrichte zu schaffen.

„Alle bereit?“, fragte sie. „Und jetzt zusammen.“

Sie hielt eine große, runde Torte mit dicker Glasur und brennenden Kerzen darauf. Als sie die Küche durchquerte, setzte Gesang ein.

Happy birthday to you. Happy birthday to you.

Ich erstarrte. Die Szene kam mir bekannt vor. Das hatte ich schon einmal erlebt. Ein Geburtstag. Singende Stimmen. Brennende Kerzen.

Eine lange unterdrückte Erinnerung kehrte zurück. Ein

anderer Ort und eine andere Zeit. Eine andere Torte mit flackernden Kerzen. Eine andere feiernde Familie. Und ich. Ich sah auch mich, ausgestreckt auf meiner Decke mitten in der Küche.
Eine großgewachsene Frau trug die Torte. Sie ging vorsichtig – wie Jess – bemüht, die Kerzen nicht zum Verlöschen zu bringen. Sah mich nicht vor ihren Füßen.
Die Erinnerung war so nachhaltig verdrängt, dass ich sie fast vergessen hatte. Doch jetzt stand sie mir in allen plastischen Einzelheiten vor Augen: Die große Frau kam auf mich zu. Ihr Fuß erwischte meine Seite. Die Torte flog durch die Luft, und Kerzen landeten auf dem Tisch. Die Papierdecke fing Feuer, und die Flammen breiteten sich schnell aus. Kinder schrien, eine Frau erteilte Befehle. Glut landete auf mir und versengte meine Haut. Scheußlicher Gestank von brennendem Fell.
Ich erinnerte mich an alles.
Plötzlich löste sich die Szene in meinem Gedächtnis auf und wurde von einer anderen abgelöst. Einer echten. Aufgeregte Kinder sangen in Mikes Küche: „Happy birthday, liebe Emma. Happy birthday to you." Jess trug die Torte, die Kerzen brannten. Mitten auf ihrem Weg lagerte Lucinda auf dem Boden.
Ich schoss unter dem Stuhl hervor. Bellte und rannte um Jess herum. *Pass auf!*
Die Kinder hörten zu singen auf. Lucinda fauchte. Jess blieb stehen und hob die Augenbrauen. „Was zum ...?", fragte sie. Kopfschüttelnd machte sie einen weiteren Schritt.
Ich bellte Lucinda an. *Geh aus dem Weg!*
Sie machte einen Buckel und starrte mich an. Ansonsten bewegte sie sich nicht.
Mein Herz schlug schneller. Flammen. Hitze. Alles fühlte sich schrecklich real an.
„Coop!" Mike legte die Kamera hin und griff nach mir. „Was ist los?"

Ich wich ihm aus und griff Lucinda an. Biss ihr leicht in den Bauch, nicht um sie zu verletzen, nur um ihr zu zeigen, dass ich es ernst meinte.

Weg. Jetzt!

Lucinda knurrte wütend. Sie holte aus und streifte meine Flanke mit ihren Krallen. Ich biss sie erneut. Dieses Mal erwischte ich Fell.

Aus dem Augenwinkel sah ich Zach näherkommen. Er bückte sich, um mich zu packen.

Ich griff auch ihn an.

„Der Köter ist durchgeknallt", schrie er und sprang zurück.

Lucinda nutzte die Gelegenheit, um zu verschwinden. Mit einem einzigen Satz sprang sie ganz oben auf den Katzenturm. Darunter stand ich Wache und bellte weiter. *Bleib dort, Lucinda!!*

Regungslos verharrte Jess mit der Torte in der Mitte der Küche.

„Was ist los?", fragte Emma.

„Dieser Hund spinnt", behauptete eines der Kinder.

Zach trat aus dem Türrahmen. „Genau, er hat sie nicht alle. Du solltest ihn loswerden."

Mit seiner riesigen Hand hob Mike mich hoch. „Ist schon gut. Ignorier ihn, Coop."

Den Rest der Party saß ich zitternd auf seinem Schoß. Er presste mich an sich und strich mir mit der Hand über den Rücken. Flüsterte beruhigend. „Beruhige dich. Alles gut, Coop. Ist lange her."

Mich verwirrten diese Worte. Wie konnte er wissen, was ich durchmachte, wenn ich es selbst nicht richtig wusste?

28. Kapitel

Nachdem Emmas Gäste gegangen waren, rief Jess alle an den Tisch. Mike hielt mich auf seinen Armen und streichelte mir zärtlich den Rücken, als er zwischen Zach und Emma Platz nahm. Seit dem Vorfall hatte er mich nicht mehr losgelassen.

Um Abstand zwischen uns zu gewinnen, rutschte Zach zur Seite. Ab und zu grummelte er vor sich hin und starrte mich an. Ich verstand nur Brocken. *Verdammter bekloppter ... durchgeknallter ... Köter...*

Jess räusperte sich und atmete tief durch. „Wir müssen etwas besprechen."

Beim Reden fingerte sie an einer Papierserviette herum. „Ihr wisst, dass es zwischen eurem Vater und mir nicht gut läuft."

Zach verschränkte die Arme vor der Brust. „Sag bloß."

Jess griff nach seiner Hand und überlegte es sich dann anders. „Es wurde zuletzt immer schlimmer. Ehrlich gesagt habe ich Angst. Angst um mich, aber auch Angst um euch."

Emma kam eine Träne.

„Ich weiß, ihr habt beide viel durchgemacht", fuhr Jess fort. „Euer Großvater hat sehr geholfen, doch das ist kein Dauerzustand. Wir müssen eine langfristige Lösung finden."

Ohne jeden Blickkontakt starrte Zach vor sich hin. Jess lehnte sich auf ihrem Stuhl zurück und räusperte sich erneut.
„Ich weiß nicht, wie ich euch das schonend beibringen soll, also sage ich es einfach. Wir ziehen nach Madison."
Zach riss die Augen auf. Er packte die Tischkante und stieß seinen Stuhl zurück. „Madison? Da liegt doch der Hund begraben. Ist eine totale Einöde."
Emma wandte sich an Jess. „Was ist Madison?"
„Madison ist eine angenehme Stadt", sagte Mike. „Sie wird euch gefallen."
Jess breitete eine Landkarte auf dem Tisch aus. Sie zeigte auf einen Punkt. „Hier sind wir jetzt." Mit dem Finger fuhr sie eine gewundene Linie entlang. „Und da ist Madison. Umgeben von Bergen und schönen Seen. Ein wunderbarer Ort."
Zach lehnte sich auf seinem Stuhl zurück. „Schon klar."
„Ich habe dort Arbeit gefunden. Besser bezahlt als meine Arbeit jetzt, und ich kann sofort anfangen. Ich miete uns eine Farm direkt vor der Stadt. Es ist zwar einiges zu reparieren, aber fürs Erste reicht's."
Jess verstreute einige Fotos auf dem Tisch. Ich verrenkte den Hals, um besser sehen zu können.
„Auf dem Anwesen ist eine Scheune und ein riesiger Garten." Jess zeigte auf die Fotos und sprach lauter. „Es gibt Hühner, Schweine und sogar zwei Pferde."
„Pferde?" Neugierig beugte Emma sich vor.
„Ja, genau", höhnte Zach, und seine Spucke flog dabei über den Tisch. „Wir werden jetzt Bauern."
Jess schaute Zach an. „Es ist ein Neuanfang. Den brauchen wir. *Alle* brauchen wir ihn." Sie faltete die Karte zusammen und verstaute sie mit den Fotos in ihrer Handtasche. „Euer Vater erfährt nicht, wo wir sind. Das verhindere ich."
Zach stand auf und warf dabei den Stuhl um. „Hast du dir

überhaupt Gedanken gemacht, was das für uns bedeutet? In eine fremde Stadt zu ziehen. Die nächste neue Schule, in der wir keinen kennen."
„Ich habe mir sogar sehr viele Gedanken gemacht", antwortete Jess gelassen.
Doch Zach stampfte bereits durch die Küche und war auf halbem Weg zur Hintertür. „Du kapierst es einfach nicht, was?"
Er riss die Tür auf. Sie schlug hinter ihm ins Schloss.
Niemand sprach. Jess fingerte an der Serviette herum. Mike streichelte mein Fell. Verträumt lächelnd starrte Emma über den Tisch.
„Das lief ja super", seufzte Jess.
„Er kriegt die Kurve. Er braucht nur Zeit."
„Ich werde meine Freundinnen vermissen", sagte Emma. Dann strahlte sie. „Pferde? Sind dort wirklich Pferde?"
Jess lachte. „Ich sehe, du wirst dich schnell eingewöhnen. Sobald ich einige Formalitäten erledigt habe, ziehen wir um."
Während Emma mit ihren Geschenken spielte, wusch Mike ab. Jess trocknete das Geschirr. Ich lag zu ihren Füßen, hörte Teile ihres Gesprächs, spielte jedoch zumeist meine frühere Reaktion durch. Warum war ich so komplett durchgedreht? Die Erinnerung an das Feuer hatte ich so massiv verdrängt, dass ich es nahezu vergessen hatte.
Jetzt ging das nicht mehr.
Ich führte mir alles erneut vor Augen. Erkannte vorher übersehene Dinge. Die große Frau, die einen Feuerlöscher schnappte und die Flammen bekämpfte. Ein Junge, der das Feuer auf meiner Decke austrat. Ein Mädchen, das mich auf seinen Armen wiegte. „Alles gut, Cooper." Und dann brachte mich ein Mann schnell zum Tierarzt, um meine Verbrennung behandeln zu lassen.
Plötzlich lichtete sich der Nebel über einer anderen Erinnerung. Ich sah Ruth. Und denselben Mann, nur jetzt anders

gekleidet. „Wir müssen umziehen“, informierte er Ruth. „Cooper würden wir liebend gerne mitnehmen, das geht aber leider nicht. Es wäre nicht fair ihm gegenüber. Könnten Sie für ihn ein gutes Zuhause suchen?“
Der Mann reichte Ruth die Leine. Er verstrubbelte mein Fell, tätschelte meinen Kopf und war verschwunden.
Langsam fügten sich die fehlenden Puzzleteile meiner Vergangenheit zusammen. Das Feuer war gar nicht meine Schuld. Es handelte sich um einen Unfall, schlicht und einfach. Man ließ mich nicht im Tierheim zurück, weil ich meiner Familie egal war, sondern weil sie sich Gedanken um mich machte.

Nach dem Abwasch und nachdem in der Küche alles wieder eingeräumt war, setzten sich Mike und Jess an den Tisch.
„Ich sollte nach Zach schauen“, meinte Jess.
„Er kommt schon rein, wenn er soweit ist. Lass ihm Zeit.“
Jess nickte. „Natürlich. Ist ein großer Schritt für ihn. Für uns alle.“
„Du tust das einzig Richtige, Jess.“
„Ich denke schon. Rick würde alles unternehmen, um an die Kinder zu kommen. Er ist wütend. Will mich bestrafen, möglichst extrem verletzen. Er würde dafür sorgen, dass ich Zach oder Emma nie wieder sehen darf.“
Mike legte seine Hand auf ihre. „Das lassen wir nicht zu.“
Jess schaute kurz zu Emma. „Es verlangt den Kindern vieles ab.“
„Kinder sind taffer als man denkt. Sie kommen klar. Vielleicht besser als du.“
Wenig später fuhr Jess los. Als Mike mich nach draußen ließ, saß Zach mit dem Kopf in den Händen auf der Bank. Ich schlich um ihn herum, um mein Territorium zu inspizieren. Ab und zu hörte ich ihn schluchzen.

Nach meinen Runden fand ich meinen üblichen Platz zwischen den Blumentöpfen am Teich. Die Hundestatue, die mir ähnlich sah, schimmerte im Mondlicht. Die Figuren in der Kugel umarmten sich, wie um sich zu wärmen. Vier glückliche Menschen. Genau wie meine letzte Familie.
Zach tat mir leid. Ich wusste, was ein Neuanfang bedeutet, sein Zuhause zu verlassen und in ein anderes zu ziehen. Ich wusste aber auch, was Wut ist, und wollte ihr entgehen.

29. Kapitel

Während der nächsten Tage schwankte Zachs Laune. Manchmal schien er den Umzug zu akzeptieren. Meistens maulte er allerdings herum. Beschwerte sich wegen der Schule. Nörgelte übers Essen. Jammerte über alles und jedes.
Emma dagegen lächelte dauernd. Wann immer möglich, saß sie an Mikes Computer, um zu recherchieren, was Pferde fraßen und wie man am besten mit ihnen umging.
Jeden Abend rief Jess an. Zach weigerte sich weiter, mit ihr zu reden, doch Emma erzählte ihrer Mutter begeistert von ihren Recherchen. Meistens sprach Jess mit Mike. Sie hatte einen Mieter für ihr altes Haus gefunden. Eine Umzugsfirma gebucht, die ihre Besitztümer nach Madison bringen sollte. In einigen Tagen wäre sie dort, würde auspacken und einräumen, ihren neuen Job und ein neues Leben beginnen. Die Kinder wollte sie nach Abschluss des Schuljahres im Sommer holen.
„Rick weiß doch nichts, oder?", fragte Mike sie eines Abends. Beim Zuhören wurde er blass. Er riss sich die Brille herunter und stand auf. Schloss die Augen und öffnete stumm den Mund.
„Das hat er getan?", entfuhr es ihm schließlich. „Rick hat die Windschutzscheibe deines Autos zertrümmert?"

Je länger Mike sprach, desto erregter reagierte er. „Er ist dir auf die Arbeit gefolgt? Ins Haus eingebrochen? Du musst dort weg, Jess. Umgehend, verstehst du?"
Nervös lief er im Kreis. „Verschwinde. Je früher, desto besser. Gleich morgen, wenn's geht."
In jener Nacht warf ich mich wie so oft hin und her. Ich mochte Emma. Selbst Zach, jedenfalls manchmal. Ich würde sie vermissen.
Und dann war da Mike. Um ihn machte ich mir die größten Sorgen. Er hatte abgenommen. Seine Kleidung hing schlotterig an ihm herunter. Oft musste er ausruhen und er war meist kurzatmig.
Als es gerade zwei Uhr nachts geschlagen hatte, klingelte das Telefon.
„Nicht schon wieder." Mike erwachte abrupt. „Bloß nicht ..."
Doch er war es. Rick.
Am Telefon hörte man eine wütende Stimme, so laut, dass ich Ricks Schreie und Verwünschungen verstand.
Mike ballte die Faust. „Ich hab's dir doch gesagt: Zach und Emma sind nicht hier."
Mike knallte den Hörer auf. Er starrte Evas Foto an und schüttelte den Kopf. „Dieser Typ. Was machen wir bloß, Liebling?"
Mike schlief extrem unruhig. Er schüttelte seine Kissen auf und seufzte oft. Lief herum und legte sich wieder ins Bett. Hielt mich den Rest der Nacht wach.

30. Kapitel

In den folgenden Tagen passte Mike ganz besonders auf die Kinder auf. Er brachte sie zur Schule und holte sie wieder ab, obwohl sich Zach bitter beschwerte.
„Ich bin kein Kleinkind. Ist dir klar, wie peinlich das ist?"
Mike schaute auch öfter aus dem Fenster, prüfte Schlösser an Türen und ging lieber zwei Mal vor dem Schlafengehen durchs Haus.
Eines Abends klingelte das Telefon, als ich es mir gerade auf dem Sofa bequem machte, um mit Mike ein Eishockeyspiel anzusehen. Bevor er den Anruf annahm, zögerte Mike kurz.
„Hallo."
Beim Zuhören lächelte er leicht. „Schon? Was für eine gute Nachricht, Jess! Gott sei Dank bist du jetzt an einem sicheren Ort."
Ich studierte sein Gesicht auf eventuelle Hinweise und lauschte sorgfältig. Anscheinend war Jess früher als geplant nach Madison gezogen. Mike wirkte sichtlich erleichtert. Die Sorge verließ ihn wie aus einem Ballon entströmende Luft.
„Lass dir Zeit. Gewöhn dich in Ruhe ein. Den Kindern geht's hier gut. Und sie haben bis zu den Sommerferien noch ein paar Wochen Schule. Dann kommen wir."
In jener Nacht schliefen wir beide besser und unbeschwerter, auf Mikes Bett aneinander geschmiegt.

Dann kam der Morgen.
Ein lautes Läuten weckte mich abrupt. Es läutete wieder. Und noch einmal.
Mike wälzte sich herum und schaute auf die Uhr neben dem Bett. „Erst sechs“, stöhnte er.
Murmelnd schlug er die Decken zurück. „Okay, okay. Ich komme.“
Schweres Hämmern an die Haustür.
„Ich sag doch, dass ich komme“, rief Mike.
Die Pantoffeln schlugen gegen seine Fersen, als Mike den Flur entlang schlurfte. Auf dem Weg schloss er Emmas und Zachs Türen. Er stapfte die Treppe herunter, und ich folgte ihm.
„Beeilung, Mike. Mach auf“, schrie ein Mann. Erneut hämmerte er gegen die Tür.
Mike packte das Treppengeländer. Seine Gesichtszüge entgleisten. „Was willst du, Rick?“, fragte er mit zitternder Stimme.
Mike humpelte zur Tür, überprüfte das Schloss und lugte durchs Schlüsselloch. Ich rannte zum vorderen Fenster, um Rick selbst zu sehen. Ein bärtiger Mann mit Pferdeschwanz und in einem eng anliegenden T-Shirt stand draußen. Tätowierungen bedeckten seine muskulösen Arme. An einem Ohr baumelte ein silberner Ring. Er war noch größer als Mike, doppelt so schwer und wohl halb so alt. Hinter ihm parkte ein flottes Cabrio in der Einfahrt.
Rick fuhr sich mit der Hand durch den Bart. Er trommelte wieder gegen die Tür. „Komm schon, Mike. Lass mich rein.“
„Verschwinde, Rick.“
Rick machte einen Schritt zurück. „Sie sind hier, oder?“
Mike lehnte sich gegen den Türrahmen. „Du fährst besser, oder ich rufe die Polizei.“
„Ich fahre nicht ohne sie.“ Mit beiden Fäusten bearbeitete

Rick die Tür. „Mach auf, alter Mann.“
Ich kletterte aufs Sofa und lugte über die Lehne. Knurrte und bellte dann.
Rick schaute durchs Fenster und lachte. „Einen richtig scharfen Wachhund hast du da, Mike.“
„Verschwinde, Rick. Ich mein’s ernst. Es gibt eine einstweilige Verfügung. In der Nähe der Kinder hast du nichts verloren.“
Rick zuckte mit den Achseln. „Mir schnurz, was irgendein Richter sagt. Sie sind auch meine Kinder.“ Er trat gegen die Tür. „Ich weiß, dass sie da sind, alter Mann.“
Rick warf sich gegen die Tür, so dass die Bilderrahmen an der Wand klapperten.
„Ist das Dad?“, fragte ein zitterndes Stimmchen.
Emma. Oben auf der Treppe, Lucinda im Arm und mit besorgten großen Augen.
Mike legte die Finger gegen die Lippen. „Psst. Wenn wir leise sind, verschwindet er.“
„Ich will ihn aber sehen.“ Emma machte einen Schritt die Treppe herab.
Zach erschien hinter Emma. „Willst du nicht.“ Er legte einen Arm um sie, zog sie zurück und sah ihr in die Augen.
„Wollen *wir* nicht.“
„Will ich doch.“
„Nein, Em. Das geht nicht.“
Mit geballten Fäusten stolzierte Rick die Einfahrt hinunter. „Ich komm wieder. Da kannst du Gift drauf nehmen. Und dann bringe ich mehr mit als bloß meine Fäuste.“
Rick schlug auf Mikes Auto und verursachte eine Delle in der Motorhaube. Anschließend holte er seine Schlüssel aus der Tasche und kratzte damit eine Rille in den Lack der Fahrertür. „Nur eine kleine Erinnerung, damit du’s nicht vergisst“, rief er. Mit gereckter Faust unterstrich er seine Drohung, bevor er ins Auto stieg. Die Tür schlug zu, und der Motor röhrte. Rick

raste aus der Einfahrt und hinterließ schwarze Reifenabdrücke auf dem rissigen Asphalt.
Emma schluchzte. Sie riss sich aus Zachs Armen los und rannte zurück in ihr Zimmer.
Zach stürmte die Treppe herunter und stampfte durch den Eingangsflur.
„Zach“, sagte Mike. „Warte.“
„Du kannst mich mal“, blaffte Zach über seine Schulter. „Ihr alle könnt mich kreuzweise.“
Die Hintertür schwang auf, schlug wieder zu, und im Haus wurde es gespenstisch still.

31. Kapitel

Mike rief Jess an.
„Rick war da. Und er kommt bestimmt wieder."
Seine Stimme klang entschlossen, fest wie auf eine Trommel gespannte Haut. Er schritt um den Küchentisch, als er die Einzelheiten von Ricks Besuch beschrieb. Dass Rick überzeugt von der Anwesenheit der Kinder war. Wie wütend er wurde. Dass er für nächstes Mal Schlimmeres androhte.
„Wir müssen weg. Hier ist es nicht mehr sicher."
Mike kratzte sich am Kopf. „Nein, das versteh ich. Du fängst gerade erst einen neuen Job an, Jess. Da kannst du sie nicht abholen."
Er räusperte sich. „Wir fahren gleich heute Nachmittag."
Nachdem er aufgelegt hatte, stieg Mike die Treppe hinauf und blieb einmal stehen, um Luft zu holen. Ich kam unmittelbar nach ihm oben an. Beide schnauften wir schwer.
Mike fand Emma schluchzend auf ihrem Bett. Er setzte sich neben sie und strich ihr sanft über die Schulter.
„Ich wollte Dad unbedingt sehen", schniefte sie.
„Ich hab eine gute Nachricht, Emma. Du hast doch so viel von diesen Pferden erzählt?"
Emma sah auf. „Ja."
„Wir fahren, um sie uns anzusehen."

Emma wischte sich die Tränen mit dem Handrücken weg. „Wirklich?“
Sofort wirbelte sie durchs Zimmer, packte Bücher ein, sortierte ihre Kleidung. Rick war erst einmal vergessen.
Mike lächelte. „Dacht ich mir, dass dich das freut.“
Später gingen Mike und ich nach draußen. Ich rannte los, um meine Markierungen aufzufrischen, und Mike lief den Ziegelsteinweg hinunter. Dabei zog er seinen linken Fuß nach, der ein schleifendes Geräusch erzeugte.
Als ich fertig war, gesellte ich mich zu Mike an die Bank, auf der Zach saß. Mike sagte nichts, doch Zach schien zu spüren, dass er da war.
„Ich hasse ihn“, meinte Zach.
„Das verstehe ich“, entgegnete Mike ruhig.
„Nein, tust du nicht. Woher auch?“
„Darf ich mich setzen?“
„Tu dir keinen Zwang an.“ Zach rutschte ans Ende der Bank. „Ist schließlich dein Platz, oder?“
Mike nickte. Die Bank hing durch, als er sich auf ihr niederließ. Er faltete die Hände auf seinem Schoß und starrte auf die Kugel.
„Meine Eltern haben sich andauernd gestritten.“
Zach sah ihn an. „Muss ganz schön lange her sein.“
Mike lächelte. „Ist es. Doch manche Dinge vergisst du dein Leben lang nicht.“
Zach setzte an, etwas zu sagen, unterließ es aber.
Mike räusperte sich. „Mein Vater rastete schnell aus, und meine Mutter hatte eine scharfe Zunge. Sie waren nur am Streiten. Manchmal geriet ich zwischen die Fronten, und sie ließen es an mir aus. Einmal ...“ Mike betrachtete seine Hände und schüttelte den Kopf.
„Einmal was?“
„Als ich zwölf war, hatten sie eine wüste Auseinander-

setzung. Mein Vater versetzte meiner Mutter einen Faustschlag und griff danach mich an. Ich rannte, so schnell ich konnte, doch er war schneller und stärker. Er erwischte mich und schlug auf mich ein, dann ..." Mike atmete tief durch. „Dann ging meine Mutter dazwischen. Ich nehme an, sie wollte mich schützen, meinen Vater überraschen und mir die Zeit zur Flucht verschaffen. Aber ..."

Mike wandte sich zu Zach. „Vielleicht wollte sie es ihm einfach nur heimzahlen. Ich bin mir nicht sicher."

„Was ist passiert?" Zach rückte etwas näher.

„Meine Mutter nahm einen Topf mit Suppe vom Herd und warf ihn nach ihm." Mike biss sich auf die Lippe. „Sie verfehlte ihr Ziel."

„Inwiefern?"

Mike knöpfte sich das Hemd auf. „Sie traf stattdessen mich." Zach schaute hin und stöhnte auf. Ich schob mich näher heran, um auch einen Blick zu erhaschen. Über Mikes Brustkorb verlief ein Streifen dunkler Haut, ein breiter Wulst. Er sah aus wie die Brandwunde an meinem Hinterteil, nur größer und tiefer.

„Natürlich tat es meinen Eltern sofort leid, doch der Schaden war angerichtet."

Peinlich berührt rutschte Zach hin und her und sah weg. Ich auch.

Mike knöpfte sein Hemd zu. „Ich weiß. Sieht schrecklich aus. Ich lag wochenlang im Krankenhaus und hatte zahlreiche Hauttransplantationen. Danach fiel alles auseinander. Mein Vater beschuldigte meine Mutter. Meine Mutter meinen Vater. Sie trennten sich bald darauf. Ich kam in ein Heim. Mein Bruder in ein anderes. Schließlich zogen wir bei unserer Tante ein, aber das Leben wurde für keinen von uns wieder, wie es einmal war."

„Du warst bestimmt schwer angepisst."

„Und ob. Über lange Zeit.“
„Jetzt wirkst du nicht mehr so.“
Mike lächelte. „Inzwischen bin ich ein anderer. Das kam nicht von heute auf morgen. Hat lange gedauert. Und ich habe Hilfe gebraucht. Brauche ich immer noch.“ Seine Hand fiel zur Seite. Er streichelte mir die Ohren, besonders die seidigen Enden. „Ich wollte nicht wie mein Vater werden. Meine Wut nicht an anderen auslassen. Allerdings habe ich immer noch schlimme Tage, an denen ich am liebsten mit der bloßen Faust ein Loch in die Wand hauen möchte.“
„Das machst du aber nicht?“
„Ich hab gelernt, mich zusammenzureißen.“
„Warum erzählst du mir das?“
Genau meine Frage. Worauf wollte Mike hinaus?
Mike legte Zach eine Hand auf die Schulter. „Kriegst du schon selbst raus.“
Zach wischte Mikes Hand weg. „Das hilft mir nicht.“
„Denk drüber nach. Lass dir ein bisschen Zeit. Wir können gern später darüber reden.“
Mike beugte sich vor, um aufzustehen, und entschied sich dann anders. „Vielleicht kennst du dieses Sprichwort, Zach. Es lautet: Wenn dir das Leben Zitronen beschert, mach Limonade draus.“
„Das ist doch bescheuert“, maulte Zach. „Was soll das heißen?“
„Kriegst du schon raus.“
Die Andeutung eines Lächelns erschien auf Zachs Lippen. „In so was bist du nicht grad gut, was?“
„Ich bin ein bisschen aus der Übung.“ Mike tätschelte Zach die Schulter.
Die Bank knarrte, als er aufstand. „Ich hab mit deiner Mutter gesprochen. Wir denken, ihr solltet schon jetzt nach Madison kommen, statt hier das Ende des Schuljahrs abzuwarten.“

„Weil Dad ein Wichser ist.“ Zach schlug sich mit der Faust in die Handfläche.
„Weil es für euch hier nicht mehr sicher ist. Weder für dich, noch für deine Schwester. Und für mich auch nicht.“
„Egal. Was ich denke, interessiert eh keinen.“ Danach gebrauchte Zach noch ein paar Ausdrücke, die ich lieber nicht wiederhole.
Mike schaute Zach an, dann mich. Er lächelte und nickte.
„Wir fahren bald. Pack deine Sachen, Zach.“
Mike schlurfte zurück ins Haus. Eine warme Brise wehte durch den Garten und kündigte einen weiteren glühend heißen Tag an. Ich dachte nicht, dass Zach meine Anwesenheit bemerkt hatte, aber als ich weggehen wollte, fiel seine Hand herunter. Seine Finger streiften meine Ohren. Sie fuhren mir über den Rücken und kehrten zurück zu meinem Kopf.
„Dämlicher Köter“, knurrte Zach.
Ich presste die Schnauze gegen seine Hand. Er zog sie nicht weg. Zuckte nicht einmal, als ich seinen Unterleib beschnüffelte.

32. Kapitel

Zach ging ins Haus, und ich watschelte hinterher. Mit prall gefülltem rosa Koffer stand Emma an der Haustür.
„Ich bin fertig“, verkündete sie.
Wortlos stieg Zach die Treppe hinauf, während Mike eine Kühlbox zum Auto schleppte. Emmas Koffer legte er in den Kofferraum.
„Komm, beeil dich, Zach! Ist eine lange Fahrt.“
Mike ging noch zwei Mal, zuerst um einen weiteren Koffer zu holen. „Meiner“, sagte er zu Emma, als er ihn auch verstaute.
Ihre Augenbrauen schossen hoch.
„Wir brauchen zwei Tage hin“, erklärte er. „Und ich zwei zurück. Vorher bleib ich ein paar Tage, um deiner Mutter beim Einrichten zu helfen.“ Er lächelte. „Und ich muss mir natürlich deine Pferde anschauen.“
Strahlend klatschte Emma in die Hände. Mir wurde das Herz schwer vor Angst. Mike. Tagelang weg. Würde er mich allein zurücklassen? Oder, noch schlimmer, mit Lucinda? Oder plante er etwa, mich im Tierheim abzugeben?
Nach seinem zweiten Gang ins Haus hievte Mike den Käfig zum Auto und wuchtete ihn neben Emma auf den Rücksitz. Ich wurde noch nervöser. Lucinda? Sie fährt mit? Und was ist mit mir?

Schließlich erschien Zach mit einem Rucksack über der Schulter, Ohrhörern drin und seinem Smartphone in der Hand. „Okay, okay, bin schon da."
Beim Anblick des Käfigs machte er große Augen. „Du nimmst doch wohl die Viecher nicht mit?"
„Ich kann sie nicht hierlassen. So lange geht das nicht."
Ich entspannte mich.
Mike quetschte Lucinda in den Käfig. Als er die Drahttür schloss, jaulte und kratzte sie. „Lucy, du weißt, es ist besser so."
Mike wandte sich an Zach. „Coop kann problemlos vorne sitzen, aber Lucy wird beim Autofahren schlecht. Die Kurven und Abzweigungen bekommen ihr gar nicht."
„Na, toll. Hat mir grad noch gefehlt."
„Ich hab ihr ein Medikament verabreicht, das wirkt allerdings nicht sofort."
Als wir losfuhren, war es bereits Mittag. Mike und ich saßen vorn, zwischen uns eine aufgefaltete Landkarte auf dem Armaturenbrett, sein Handy in Griffweite, ein Kissen unter mir und das Fenster nur einen Spalt geöffnet. Zach und Emma saßen hinten mit dem Käfig zwischen sich.
Wir fuhren durch vertraute Straßen, vorbei an der Schule, der Feuerwache und dem asiatischen Restaurant. Emma beschäftigte sich intensiv mit Lucinda. Zach sah aus dem Fenster. Sein Kopf wippte im Rhythmus der Musik aus seinem Smartphone.
Ich schaute oft nach hinten, um zu sehen, wie es Lucinda erging. Bei den ersten Abbiegungen musste sie jedes Mal würgen.
„Ekelhaft", stöhnte Zach und rutschte so eng wie möglich an die Tür.
Als wir endlich länger geradeaus fuhren, legte sich das Gewürge. Die Katze schnurrte, und Zach entspannte sich.
Kurz vor dem Highway bog Mike auf eine ungewohnte

Straße. Zach erstarrte und runzelte die Stirn. „Wo fahren wir hin? Ich dachte, wir haben es eilig."
„Nur ein kurzer Stopp. Dauert bloß ein paar Minuten."
Mike bog um eine Ecke und dann um zwei weitere. Das Auto bremste ab, als wir zu einem breiten Steinbogen kamen. Reben rankten sich die Pfeiler hoch und verdeckten teilweise ein Schild.
„Das ist dein Stopp?", fragte Zach. „Im Ernst?"
Mike antwortete nicht. Er fuhr eine schmale Schotterstraße hinunter, gesäumt von Steinen mit darauf gravierten Buchstaben und Zahlen. Nach einigen weiteren Abbiegungen hielten wir an. Mike schaltete den Motor ab und öffnete die Tür. „Kommt. Dauert nicht lang."
Mir musste er das nicht zwei Mal sagen. Emma auch nicht. Doch Zach schüttelte pampig den Kopf. „Auf keinen Fall."
Lucinda würgte wieder und spuckte einen nassen Haarball voller Essensreste aus. Zach zog seine Ohrhörer heraus und floh aus dem Auto.
„Gott. Das nervt." Er hielt sich die Hand über die Nase. „Geht das jetzt die ganze Fahrt so?"
Mike lächelte, war aber offensichtlich in Gedanken woanders. Langsam ging er an einigen Steinplatten vorbei. Blieb an einer größeren dunkelgrauen stehen. Darauf stand ein Engel mit ausgebreiteten Armen. Eine einzelne Rose ragte aus einer gläsernen Vase am Fuß der Platte. Grasbüschel umgrenzten das Rechteck aus Erde davor.
Ich bemerkte einen vertrauten Geruch. Schnüffelte durch Gras und Gestrüpp um die Platte herum zur Rose. Natürlich. Die Mischung aus frisch gemähtem Gras und Blütenduft, die Mike von so vielen Nachmittagen unterwegs nach Hause brachte.
Mike richtete die Rose gerade und staubte die Steinplatte ab. Mit den Fingern fuhr er die eingravierten Buchstaben nach.

„Eure Mutter wollte euch nach dem Begräbnis nicht mit auf den Friedhof nehmen. Es war Winter und einer der kältesten Tage überhaupt ...“

Emma nahm Mikes Hand. Lange Zeit sprach niemand.

Zwischen dem Gras riss Mike Unkraut aus. „Ich komme fast jeden Tag her. Hat etwas Tröstliches für mich.“

Er legte die Hand auf den steinernen Engel und beugte ein Knie. „Eva, ich kann dich einige Tage nicht besuchen“, flüsterte er. „Doch du bist in Gedanken immer bei mir.“

„Liegt Grandma hier?“, fragte Emma mit dünnem und sanftem Stimmchen.

„Ich stelle mir vor, dass sie an einem angenehmeren Ort ist.“

Mike wandte sich zu einem kleineren Grabstein, der neben Evas stand, und fuhr mit den Fingern über die Worte darauf. „Auch an dich werde ich denken.“

Zach beugte sich vor, um die Inschrift zu lesen. Emma berührte den Stein. „Wer ist das?“

„Hat euch eure Mutter je von Johnny erzählt?“

Emma schüttelte den Kopf. Zach zuckte mit den Achseln.

Mike erhob sich mit einer Hand auf dem Stein. Sein Knie hinterließ einen Abdruck auf der Erde. Er runzelte leicht die Stirn. „Eure Mutter hatte einen Zwillingsbruder. Johnny starb, als sie zwei Jahre alt war. Sie kann sich wohl kaum an ihn erinnern.“

Zach kam näher. „Wie? Ich mein, was ist passiert?“

Mike schüttelte den Kopf. „Die Ärzte konnten keine Ursache finden. Eines Tages bekam er hohes Fieber. Am nächsten verlor er das Bewusstsein, und dann ...“

„Ist er gestorben“, flüsterte Emma.

„Ja. Ist er.“

Mike küsste Evas Stein. Fuhr mit der Hand über Johnnys. Emma tat es ihm nach, doch Zach stand mit den Händen in den Hosentaschen so starr und stumm da wie die Grabsteine.

Auf dem Weg zurück zum Auto dachte ich an Eva und Johnny. Waren sie jetzt vereint? Ich nahm mir vor, am Sternenhimmel nachzusehen. Ausschau zu halten nach zwei Sternen dicht nebeneinander, ein kleiner ganz nah bei einem größeren. Wenn Sirius einen Platz im Himmel hatte, warum nicht auch Eva und Johnny?

33. Kapitel

Auf dem Vordersitz neben Mike wehte Luft aus den offenen Fenstern an mir vorbei. Sie vertrieb den Geruch von hinten. In jeder Kurve presste sich Lucinda gegen den Käfigboden. Ihre Augenlider waren schwer. Ihr Schwanz hing leblos. Sie versuchte, sich nicht zu erbrechen. Manchmal gelang ihr das. Manchmal nicht.

Nach und nach wurde der Highway gerade. Langsam ließ Lucindas Übelkeit nach. Schließlich war sie ganz vorbei. Doch der Geruch ... der Geruch hing weiter in der Luft.

Emma nickte ein. Zach schaltete ab. Ab und zu murmelte er „ekelhaft", schaute aber die meiste Zeit aus dem Fenster und nickte zu der Musik aus seinen Ohrhörern.

Mike entspannte sich auch. Ich beobachtete ihn, fasziniert von seiner Mimik. Die Andeutung eines Lächelns. Ein Stirnrunzeln. Gehobene Augenbrauen. Jede kleine Bewegung erzählte eine Geschichte. Als sich seine Augenlider immer stärker senkten, wusste ich, was das heißt. Er schlief ein.

Ich stieß seinen Arm an. Sein Kopf fuhr hoch. „Sorry. Bin anscheinend müder als gedacht."

Er schaltete das Radio an. „Das hilft vielleicht."

Man hörte ein Lied. Irgendein Typ jammerte: *Ain't got no loving feeling.*

Mike schüttelte den Kopf. „Das muss nicht sein."
Er hämmerte auf Knöpfe, bis er einen Sender fand, auf dem gesprochen wurde. „Da. Versuchen wir den."
Stimmen ertönten. Eine Frau. Ein Mann. Noch eine Frau. Drei Personen tauschten sich lebhaft aus. Meistens redeten sie über die Politik der Regierung, was Mike zu gefallen schien. „Verdammt richtig", kommentierte er mehrfach. „Ganz genau."
Im Lauf der Fahrt diskutierten die Menschen im Radio auch andere Themen. Restauranttipps. Straßenverkehr. Technologie. Unter anderem lernte ich, dass es einen neuen Suppen- und Sandwich-Imbiss namens „The Kettle" gab, dass die Skyway Bridge für lange Staus sorgte und besser vermieden wurde und dass bei Key West in Florida ein Orkan drohte.
Die Landschaft veränderte sich zunehmend. Scheunen statt Häuser. Bäume statt kahler Prärie. Der Highway stieg steil hinauf in die Berge und senkte sich wieder in Täler herab. Irgendwie behielt Lucinda ihren Magen unter Kontrolle. Die meiste Zeit schlief sie.
„Sind wir bald da?", fragte Emma, als wir an einem riesigen Schild vorbeikamen.
Mike schaute in den Rückspiegel. „Nein, Em. Ist noch weit, aber wir machen bald eine Rast."
Das war eine gute Nachricht. Nach Stunden im Auto wurde mir langsam auch schlecht.
An einer Tankstelle hielt Mike neben einer der Zapfsäulen. „Dort drüben ist ein kleiner Park." Er zeigte auf eine Grünanlage mit Picknicktischen auf der anderen Straßenseite. „Da gehen wir nachher hin."
Beim Tanken starrte Mike auf die vorbeifahrenden Autos. Er hustete ein paar Mal. Ich achtete auf mögliche Alarmzeichen – Hand an der Brust, schwerer Atem – doch alles war in Ordnung.

Plötzlich verkrampfte sich Mike. Ein Cabrio hielt an einer anderen Säule. Die Tür ging auf. Ein bärtiger Mann mit Pferdeschwanz stieg aus. Mit geballten Fäusten kam er auf Mike zu.
Emma hatte ihn bemerkt und zeigte: „Guck, Zach. Da ist Dad."
Zach folgte ihrem Blick. Er packte Emma am Arm.
„Runter."
„Warum?"
„Mach's einfach."
Rick schrie etwas. Locker hängte Mike den Zapfhahn ein und stieg wieder ins Auto. Er startete den Motor und bretterte mit durchdrehenden Reifen aus der Tankstelle. Auf dem Highway schaute ich nach hinten. Rick stand an der Zapfsäule, schüttelte die Faust und schrie etwas Unverständliches. Mike raste weiter, und ich krampfte die Pfoten in den Sitz, konnte gerade so das Gleichgewicht halten. Hinter mir jaulte Lucinda.
Emma schluchzte leise. „Ich wollt ihn kurz sprechen."
„Du weißt, dass das nicht geht", meinte Zach.
„Ja."
Mike richtete den Rückspiegel, um besser sehen zu können. „Das war knapp." Seine Stimme klang heiser. „Wie hoch ist die Wahrscheinlichkeit, dass euer Vater zur selben Zeit wie wir an derselben Tankstelle hält?"
„Ja-a", bestätigte Zach. „Sehr seltsam."
Emma wischte sich eine Träne ab. Zach holte sein Smartphone hervor und gab es seiner Schwester. „Hier. Spiel einfach was." Er nahm seinen Notizblock aus dem Rucksack, schlug eine neue Seite auf und zeichnete hektisch.
„Was kritzelst du denn?", fragte Mike.
„Nichts."
Während wir die Meilen herunterspulten, schaltete Mike das

Radio aus. Im Auto herrschte Stille. Schließlich schlief Zach ein. Emma spielte auf dem Smartphone. Lucinda hielt durch. Ich starrte auf die wechselnde Landschaft, und die Sonne senkte sich nach Westen.
„Ich muss Pipi, ganz dringend", sagte Emma leise.
Komisch. Musste ich auch.

Ein paar Meilen weiter hielt Mike an einem Rastplatz. Lucinda schlief als Reaktion auf das Medikament, das Mike ihr gegeben hatte. Zach und Emily gingen auf die Toilette. Aus der Kühlbox holte Mike Sandwiches und Getränke hervor. Dann führte er mich zu einer Grünfläche um die Ecke. Während ich mein Geschäft verrichtete, behielt Mike beide Richtungen des Highways im Blick.
„Was zum ...", hörte ich ihn sagen, bevor ich fertig war.
Ich folgte seinem Blick. Ein Cabrio raste vorbei. Dasselbe Cabrio mit demselben bärtigen Mann am Steuer. Rick.
Mike zerrte an der Leine. „Auf geht's, Kinder", schrie er. „Schnell."
Als Emma und Zach zum Auto kamen, hatte Mike die Karte über das Lenkrad gebreitet.
„Was ist los?", fragte Zach.
„Er ist hinter uns her." Mit dem Finger fuhr Mike über die Landkarte. „Ich suche eine andere Strecke."
„Dad?" Emma schaute auf den Highway. „Dad verfolgt uns?"
„Scheint so", meinte Mike.
Er sah zum Himmel. Dann auf seine Uhr. „Es wird spät. Ich schaff's nicht mehr viel weiter." Er zeigte auf einen Punkt auf der Karte. „In einer halben Stunde kommt eine Stadt. Dort gehen wir in ein Motel."
Als wir losfuhren, schoss das Cabrio erneut vorbei, jetzt in die Gegenrichtung. Rick musste gewendet haben.

„Was veranstaltest du da, Rick?“, wunderte sich Mike so leise, dass es wohl niemand außer mir hörte.
Die nächsten dreißig Minuten zogen sich ewig. Mike fütterte mich mit Brocken eines Erdnussbutter-Sandwichs, und Emma und Zach verschlangen ihre eigenen. Die triefäugige Lucinda lehnte Emmas Angebote ab. Sie rollte sich zusammen und schlief.
Ich musste immer noch pinkeln. Jede Bodenwelle machte es schlimmer. Eigentlich war ich völlig übermüdet. Wie wir alle. Mike rutschte auf seinem Sitz hin und her, wahrscheinlich um nicht einzuschlafen, aber vor allem, weil er dauernd im Spiegel oder durchs Fenster Ausschau nach Rick hielt.
Unsere Scheinwerfer durchschnitten die einsetzende Dunkelheit. Als wir an einem kleinen Motel am Stadtrand parkten, ging gerade der Mond auf. Ich war zu müde, mein Versprechen zu halten und den Sternenhimmel zu studieren. Sollten Eva und Johnny dort oben sein, musste es warten.
In dieser Nacht schlief ich auf Mikes durchgelegenem Bett. Zach und Emma teilten sich das andere. Von ihnen hörte ich gar nichts, wachte jedoch oft wegen Lucinda auf. Aus dem Käfig befreit, wanderte sie die ganze Nacht im Zimmer herum. Mike warf sich hin und her. Einmal sah ich ihn durch einen Vorhangspalt aus dem Fenster lugen.
„Das ist nicht gut“, kommentierte er. „Überhaupt nicht gut.“

34. Kapitel

Es war immer noch dunkel, als Mike Zach weckte.
„Ist doch erst fünf", beschwerte sich Zach. „Warum so früh?"
Mike schob Zach zum Fenster. „Ich will deine Schwester nicht aufregen", flüsterte er. „Schau."
Zach öffnete den Vorhang. „Das Auto von Dad?"
„Scheint so."
„Er hat uns gefunden? Wie kann er wissen, dass wir hier sind?"
Mike legte den Finger an die Lippen. „Psst. Nicht so laut." Er sah zu der schlafenden Emma. „Das frage ich mich auch. Es kann kein Zufall sein."
Kurz darauf weckte Mike Emma. Sie rieb sich den Schlaf aus den Augen und ging ins Bad. „Viel zu früh", jammerte sie.
Mike befestigte mein Halsband und hob Lucinda auf. „Tempo, Kinder. Wir fahren in ein paar Minuten."
Draußen führte mich Mike zu einer kleinen Grasfläche unter einer flackernden Straßenlampe. Er setzte Lucinda ab und ließ mich von der Leine. „Okay, ihr beiden. Beeilt euch."
Lucinda legte den Kopf zur Seite und blinzelte. Sie war eine Hauskatze. Verrichtete ihr Geschäft auf Katzenstreu, nicht

im Freien. Bestimmt wusste sie gar nicht, was sie zu tun hatte. Ich schon.
Während ich pinkelte, betrachtete Mike den Himmel. „Sieht aus, als ob der Sirius aufgeht."
Ich folgte seinem Blick zu einem schmalen rosa Streifen am Horizont. Entdeckte Canis Major, dann einen Stern, der stärker leuchtete als alle anderen – Sirius – am Horizont im Osten. Ich suchte nach zwei weiteren Sternen, einem großen und einem kleinen, ganz nah beieinander. Eva und Johnny. Waren sie auch da?
Auf dem Weg zurück ins Zimmer blieb Mike neben Ricks Auto stehen, um Luft zu holen. Selbst mir war völlig klar, dass Rick sich nicht versteckte. Er parkte demonstrativ direkt unter einer Straßenlampe.
„Was hast du vor?", murmelte Mike.
Als er Emma und Zach später zum Auto führte, ermahnte er sie, leise zu sein. Zach begaffte Ricks Cabrio und schüttelte den Kopf. Emma schien nichts aufzufallen.
Mike fuhr langsam vom Parkplatz, ohne Licht, damit uns keiner sah. Zügig gelangten wir auf den Highway und bretterten los, weg von Rick.
Vor uns reflektierten schneebedeckte Berge die Strahlen der aufgehenden Sonne. Endlos zog sich der Highway als graues Asphaltband dahin. Daneben standen Bäume. Bis auf wenige Fahrzeuge, die uns entgegenkamen, war die Straße leer.
Mike schaltete das Radio an und stellte es leiser, so dass hinten nichts zu hören war. Er fuhr sehr schnell, eine Hand auf dem Lenkrad, die andere auf dem Armaturenbrett. Oft schaute er in den Spiegel.
Emma schlief. Zach spielte mit seinem Smartphone. Lucinda bemühte sich, ihr Frühstück nicht zu erbrechen. Ich döste, dankbar für das öde Brummen der Reifen auf dem Asphalt. Keine Ahnung, wie lang ich schlief. Ich wachte auf, als ich

Steinchen unter den Reifen hörte und die Sonne grell durch die Windschutzscheibe schien.
Das Auto hielt an.
„Wo sind wir?“ Emma streckte sich und gähnte.
Zach schaute aus dem Fenster. „Im Nirgendwo.“
Er hatte Recht. Wir standen auf dem Seitenstreifen in der Nähe einer Gruppe von Kiefern. Weit und breit kein Gebäude oder Mensch.
„Hört mal.“ Mike drehte das Radio lauter.
„Willkommen zurück, Leute“, sagte eine entspannte Stimme. „Ihr hört den Tech Talk auf CXWT. Für diejenigen, die gerade erst eingeschaltet haben, unser heutiger Studiogast ist Elaine Scorer, Handy-Expertin bei Speedy-Talk Industries. Elaine, vor der Werbepause sprachen wir über Smartphone-Sicherheit.“
„Genau, Roger“, antwortete eine sanfte Stimme. „Vielen Menschen ist gar nicht bewusst, wie viele Informationen auf ihrem Smartphone gespeichert sind und wie diese Daten heimlich abgerufen werden können.“
Zach beugte sich vor. „Warum hören wir das? Wir haben es doch eilig?“
Mike legte den Finger an die Lippen. „Pass einfach auf.“ Er drehte noch etwas lauter.
„Also, Elaine“, meinte Roger. „Sie haben erläutert, dass Hacker über die Einstellungen eines Handys den Standort von Personen lokalisieren können. Wie läuft das im Einzelnen ab?“
„Na ja, ist eigentlich ganz einfach. Man muss nicht mal eine Mail schicken oder telefonieren, damit jemand das Telefon hacken und orten kann. Es genügt, in der Nähe eines Funkmasts zu sein und über einige Informationen ...“
Mike drehte leiser und wandte sich um.
„Erinnerst du dich an das, was wir vorhin sagten, Zach? Dass

dein Vater genau zu wissen scheint, wo wir sind?"
„Ja-a. Soll heißen?"
Mike hielt sein Smartphone hoch. „Soll heißen, er weiß es vielleicht wegen unserer Handys."
„Ich hab doch nur Musik gehört und Spiele gespielt."
„Dieser Expertin zufolge reicht das."
Mike rieb sich das Kinn. „Seit wann hast du das Handy?"
„Seit letztem Jahr." Zach lugte zwischen den Vordersitzen hindurch. „War eine Art Geschenk ..."
„Eine Art?"
„Ich hätt nie gedacht ..." Als sehe er es zum ersten Mal, starrte Zach auf das Smartphone. „Dad hat es mir gekauft, unmittelbar bevor wir ausgezogen sind."
Unsicher rutschte er hin und her. „Ich dachte, es ist eine Entschuldigung für den Stress, den er machte, aber ..." Er sah hoch. „Vielleicht war es das ja gar nicht."
Emma regte sich. „Warum halten wir?"
„Wir fahren gleich weiter", beruhigte sie Mike.
Ich schaute über die Rückenlehne. Erwartete einen Wutausbruch Zachs, doch er studierte nur wortlos sein Handy. Schließlich hob er den Kopf. „Wir müssen die Handys deaktivieren. Vielleicht reicht es, die Batterien zu entfernen. Sicher bin ich mir allerdings nicht."
„Machen wir das."
Zach nickte. „Kann sein, aber ..."
Ein Lächeln zeichnete sich auf seinen Lippen ab. „Ich hab eine Idee. Bist du bereit, dein Handy zu opfern?"

35. Kapitel

Zach löste seinen Anschnallgurt, griff sich die Landkarte und öffnete die Tür. Auf dem Autodach breitete er die Karte aus und rief Mike zu sich. Sie steckten die Köpfe zusammen. Ich beobachtete ihre Gesichter, Hände und Bewegungen. Was hatten sie vor?
Zach stieß mit dem Finger auf die Karte. Mike fuhr mit seinem Finger darüber. Sie schauten nach links und rechts auf den Highway. Zach lächelte. Mike auch. Sie nickten und lachten. Dann schlug Mike Zach auf die Schulter, der ihn im Gegenzug abklatschte.
„Coop“, sagte Mike, als er sich wieder ans Steuer setzte. „Du musst mit Zach den Platz tauschen.“
Logisch. Zach war jetzt der Navigator und Hüter der Landkarte. Mike raste den Highway entlang, und Zach gab die Richtung an.
„Noch zehn Meilen“, meinte er, als Mike ein langsameres Auto überholte.
Auf dem Rücksitz war ich gegen das Fenster gequetscht und ohne Fahrtwind dem Kotzegeruch ausgeliefert. Bei dem Tempo, das Mike hatte, hielt ich mich mühsam fest. Lucinda miaute und kratzte an den Käfigstreben. Glücklicherweise beruhigte sie sich, als die Strecke gerader wurde.

Zach sah auf die Landkarte und dann auf die Straße. „Das war die 25 Meilen-Markierung. In einer Meile kommt er. Rechts."
Eine Minute später bremste Mike ab und fuhr auf einen Rastplatz. Auf dem kleinen Parkplatz standen ein halbes Dutzend Autos und Trucks. Am Bordstein parkten Sattelschlepper, einige noch mit laufendem Motor.
„Okay, alle raus", befahl Mike.
Emma rannte zur Toilette. Ich folgte Mike, der Lucinda zum Tierauslauf trug. Lucinda blickte verwirrt und überfordert auf die Wiese. Schließlich wählte sie eine Stelle und miaute beim Verrichten ihres Geschäfts. Ich erledigte meins und markierte Zaunpfähle und Gräser.
Mit dem Smartphone in der Hand lief Zach über den Parkplatz. In der Nähe eines kleinen Lkws wandte er sich kurz um, ob er beobachtet wurde, bevor er das Handy auf die Ladefläche warf. Dann schlenderte er breit grinsend mit den Händen in den Hosentaschen zurück.
Zach nickte Mike zu und reckte die Daumen. Mike nickte zurück.
Wieder im Auto fuhr Mike auf den Highway. Er summte eine Melodie und trommelte aufs Lenkrad.
„Nach fünfzehn Meilen", kündigte Zach an. „Halt Ausschau nach der Route 85."
Zwischen Lucinda und der Tür eingeklemmt betrachtete ich die Landschaft. Nadelbäume rauschten vorbei. Neben der Straße lagen Felsbrocken, vereinzelt, nebeneinander, übereinander.
In einer Kleinstadt fuhren wir langsamer, als wir zu einer Tankstelle kamen. Mike prüfte die Tankanzeige und sah in den Spiegel. „Reicht noch eine Weile. Ich würd lieber nicht anhalten. Jedenfalls nicht hier."
Nach einigen Meilen zeigte Zach auf ein Schild. „Da. Route 85."

Mike drückte das Gaspedal durch. Als wir an der Ausfahrt zur Route 85 vorbeischossen, beugte sich Emma vor.
„Hätten wir da nicht abbiegen müssen?“
Zach schaute zu seiner Schwester. „Machen wir. Bloß noch nicht gleich.“
Einige Meilen weiter verließ Mike den Highway. Auf einer staubigen Straße vermied er Schlaglöcher und Furchen. Lucinda hustete, keuchte und würgte. Zum Glück für uns alle war ihr Magen inzwischen leer.
Wir passierten frisch gepflügte Felder und bogen auf eine schmale Straße. Mike holperte sie staubaufwirbelnd entlang. Bei einer Holzbrücke wurde er langsamer. Auf der anderen Seite hielt er an und zeigte in Richtung einer baufälligen Scheune auf dem angrenzenden Feld.
Mike reichte Zach sein Smartphone. „Übernimmst du das?“
„Mit Vergnügen.“
Mikes Smartphone in der Hand marschierte Zach über das Feld. Er verschwand in der Scheune. Einen Augenblick später tauchte er ohne Handy wieder auf.
„Alles erledigt“, sagte er und stieg wieder ein.
Er grinste Mike an. Mike erwiderte sein Lächeln.
„Das müsste reichen“, meinte Mike.
Über die staubige Straße gelangten wir zurück auf den Highway und zur Ausfahrt auf die Route 85.
Als Mike abbog, schaute Zach nach hinten. „Alles okay.“
Erst in dem Moment erkannte ich das Geniale an Zachs Plan. Wir nahmen einen anderen Weg nach Madison. Zachs Smartphone war inzwischen unterwegs mit dem Truck, auf den er es geworfen hatte. Mikes Handy lag in einer Scheune an einer verlassenen Straße weitab von der Ausfahrt. Folgte Rick einem von beiden, würde er sich hoffnungslos verfahren.

36. Kapitel

Die Route 85 schlängelte sich durch Wälder, Berge hinauf und wieder herunter in Täler. Im Gegensatz zum Highway mit seinem ebenen Asphalt und den breiten Fahrspuren war sie eine holprige Angelegenheit. Mike bremste vor Kurven und musste rauen Stellen mit aufgeworfenem Belag ausweichen.

„Das war mal die Hauptzufahrt nach Madison." Mike knirschte mit den Zähnen und hielt das Lenkrad fester umklammert. „Als sie den neuen Highway bauten, haben sie die Route 85 erhalten, kümmern sich aber seit Jahren nicht mehr drum."

Wir fuhren eine Stunde lang, ruckelten über Bodenwellen und navigierten scharfe Kurven. Außer einem Transporter mit Baumstämmen war die Straße völlig verlassen.

Angesichts der langweiligen Umgebung schwiegen alle. Mir ging einiges durch den Kopf. Buck. Max. Sparky. Wie gespenstische Figuren aus einer fernen Vergangenheit sah ich sie vor mir. Das Tierheim war Teil eines anderen Lebens. Jetzt hatte ich ein neues Herrchen, ein neues Zuhause, eine neue Familie. Ich fing sogar an, Lucinda zu mögen. Und sie mich anscheinend auch.

Zach war allerdings mit seinen Stimmungsschwankungen

komplett unberechenbar. Trotzdem fühlte ich mich ihm seltsam verbunden. Wie ich hatte er Zurückweisungen erlebt. Nicht nur physische. Wir kannten beide auch die unsichtbaren, die Wundmale auf unserer Seele. Sie heilen schwerer.
Emmas Stimme riss mich aus meinen Gedanken. „Grandpa, darf ich Lucy aus dem Käfig holen?"
„Klar." Mike stellte den Rückspiegel gerade. „Aber du musst sie schön festhalten."
Lucinda miaute leise, als Emma sie herauszog. Sie sah schrecklich aus: aufgerissene Augen, verfilztes Fell, die Ohren platt am Schädel.
„Arme Lucy. Du warst ewig eingesperrt", bedauerte sie Emma.
Ich schaute wieder aus dem Fenster. Die Landschaft hatte sich verändert. Statt lockerer Baumgruppen standen sie jetzt hoch und dicht gedrängt auf beiden Straßenseiten. Dadurch schien es auf der engen Straße eher Nacht als Tag zu sein.
Sie verlief extrem kurvig. Mike riss oft das Lenkrad herum und trat auf die Bremse. Wir ruckelten dahin und wurden bei jeder Biegung gegen die Türen gedrückt. Ich sah kurz zu Lucinda. Glasig blickte sie zurück.
Plötzlich bremste Mike und hielt an einer riesigen Kiefer. Er schaute nach links und rechts, dann auf die Karte. „Welche Richtung?"
Zach lugte aus dem Fenster. „Keine Ahnung."
Vor uns gabelte sich die Straße. Es gab kein Schild. Beide Möglichkeiten schienen gleich.
Mike breitete die Karte über dem Lenkrad aus. Hielt sie schräg ins nachlassende Licht. „Hier ist nichts eingezeichnet."
Er rieb sich das Kinn und sah durch die Windsschutzscheibe. „Wenn ich raten müsste, würde ich sagen: rechts. Was meinst du?"
Zach nickte. „Okay."

Wir bretterten die sich verengende Straße entlang, das Auto schlingerte immer weiter in den Wald, und ich fragte mich, ob es die richtige Entscheidung war. Den bleichen Gesichtern Mikes, Zachs und Emmas nach zu urteilen, fragten sie sich das auch.
Und Lucinda? Sie tauchte auf den Fußboden ab und versteckte sich zwischen Emmas Füßen.

37. Kapitel

Nach jeder Kurve wurde die Straße schmaler und holpriger. Über uns schoben sich Äste von beiden Seiten der Straße ineinander. Sie blockierten die letzten verbliebenen Sonnenstrahlen. Mike schaltete die Scheinwerfer ein, als wir die zerfurchte Strecke entlangholperten.
Neben uns rauschte ein Fluss. Die Strömung war so heftig, dass sie die Geschwindigkeit des Autos zu erreichen schien. Ich sah Baumstämme vorbeischwimmen und an Felsen krachen, die aus dem flachen Wasser ragten. Rinde flog in den Wasserschaum.
Mit weißen Handknöcheln umklammerte Mike das Lenkrad, und das Auto ruckelte dahin. „Als ob du ein bockendes, wildes Pferd reitest“, kommentierte er.
Ich steckte den Kopf in die Lücke zwischen den Vordersitzen und drückte mich unsicher an die Mittelkonsole. Zach breitete die Karte über seine Knie und hielt sie mit der einen Hand. Die andere umklammerte den Türgriff. Er schielte zu Mike. Dann zum Armaturenbrett.
„Wir haben nicht mehr viel Benzin. Meinst du, wir schaffen es?“
„Hoffen wir's.“
Zach studierte die Karte. Sein Finger fuhr eine Zickzacklinie entlang, die an einem kleinen Punkt endete. „Meilenweit

keine Stadt. Und wir sind noch ein ziemliches Stück von Madison entfernt."

Mike schaute herab. „Wo genau sind wir?"

„Hier, denk ich." Zach zeigte auf die Karte.

Mike beugte sich vor, um genauer zu sehen. „Hmm ... Kann sein."

In wenigen Sekunden kann sehr viel passieren. In diesem Fall verpasste Mike eine Kurve, weil er auf die Karte schaute. Zwei Räder rutschten vom aufgeworfenen Asphalt. Das Auto kam schwer ins Schleudern und streifte einen Baum.

„Verdammte ..." Mike riss das Lenkrad herum, um auf die Straße zurück zu gelangen. Doch der Abhang war zu steil und das Ufer zu glitschig. Das Fahrzeug rutschte seitlich weg. Mike trat auf die Bremse. „Oh Gott, nein", murmelte er.

Emma schrie. Zach warf die Karte weg und klammerte sich ans Armaturenbrett. Lucinda lag auf dem Boden. Ich krallte mich im Sitz fest.

„Oh Gott, nein!", rief Mike erneut.

Er blickte hinter sich. Panik in den Augen. „Alle festhalten! Passt auf!"

Das Auto schlitterte entlang des Flusses über Felsen und gegen Äste.

„Wir krachen runter", schrie Zach.

Von irgendwo unterhalb Emmas Füßen kreischte Lucinda. Ich presste meine Fersen ins Polster und bereitete mich auf den Aufprall vor.

Irgendwann muss ich die Augen geschlossen haben. An den Absturz erinnere ich mich kaum. Es geschah alles so schnell. Eine Sekunde waren wir noch auf dem Boden. Die nächste flogen wir durch die Luft und über einen Felsvorsprung in den Fluss.

Das Fahrzeug erwischte einen vorstehenden Felsen und schlitterte über einen anderen, bevor es laut platschend lan-

dete. Mein Kopf krachte ans Fenster. Emmas Kopf schlug gegen den Sitz vor ihr. Lucinda krallte sich in die Fußbodenmatte und gab keinen Ton von sich.
Mit einem Knall lösten sich die Airbags und pressten Mike und Zach gegen ihre Sitze. Genauso schnell strömte die Luft zischend wieder heraus.
Zermalmt vom Aufprall fiel die vordere Stoßstange herunter. Das Heck hob sich und ging dann langsam wieder herunter. Wir rutschten ein wenig, schlingerten über Steine und kamen zum Stand.
Keiner sprach oder bewegte sich.
„Seid ihr alle unverletzt?", fragte Mike schließlich. Blut rann ihm die Stirn herunter. Zitternd wischte er es mit der Hand ab.
Zach schaute hinter sich. „Ich denke ja."
Emma nickte. Mit zitternden Händen richtete sie sich auf. Auf ihrer Stirn zeichnete sich bereits eine kleine Prellung ab.
„Und du, Coop?" Mike sah über seine Schulter.
Ich bellte schwach. Mein Kopf schmerzte. Meine Zähne taten auch weh. Anscheinend hatte ich sie fest zusammengebissen.
„Lucy?" Mike griff nach der Katze.
Arme Lucinda. Sie sah erbärmlich aus. Sogar mir tat sie leid.
Plötzlich bewegte sich das Auto.
„Oh nein." Zach riss den Kopf hoch. Er lugte aus dem Fenster. „Wir rutschen."

38. Kapitel

Ich lugte auch aus dem Fenster. Die Bäume am Ufer schienen sich zu bewegen, was nicht stimmen konnte. Wir bewegten uns, angetrieben von der starken Strömung.

Mike umklammerte das Lenkrad, und die Reifen glitten über das Flussbett. Zach und Emma hielten sich an den Türgriffen fest. Lucinda sprang auf den Sitz und warf sich in einem absurden Fluchtversuch gegen das geschlossene Fenster. Geschlagen kauerte sie sich unter Emmas Füße. Ich drückte die Schnauze gegen die Scheibe. Und jaulte. Gegen meinen Willen. Ging einfach nicht anders.

Vom Wasser getragen trudelte das Auto hin und her. Knirschte über Steine und folgte der Strömung.

„Mist ...", murmelte Zach. Er fügte noch ein paar weitere Ausdrücke hinzu, die ich lieber nicht wiederhole.

„Ich hab Angst", flüsterte Emma.

Mike griff hinter sich und tätschelte ihr Knie. Er rang sich ein Lächeln ab. „Wir schaffen das. Versprochen."

Zach und Mike sahen sich an. Sie hatten kreidebleiche Gesichter. Emma nahm die völlig verstörte Lucinda auf die Arme. „Du hast auch Angst, was, Lucy?"

Ich jaulte. *Was ist mit mir? Ich habe auch Angst.*

Wir waren der Strömung ausgeliefert. Das Auto schrappte ruckweise den Fluss hinunter. Abrupt kam es zum Stopp.
Zach sah nach draußen. „Wir bewegen uns nicht mehr."
Mike lugte durch die Windschutzscheibe. „Wahrscheinlich hängen wir an einem Felsbrocken."
Wir schauten alle. Selbst Lucinda. Sie quetschte sich an mir vorbei, um ihr Gesicht gegen mein Fenster zu drücken.
Zach tippte Mike auf die Schulter. Er zeigte auf den Boden. „Wasser. Es kommt Wasser rein."
Ich blickte hinunter. Wasser tröpfelte durch den rostigen Türrand und sammelte sich in einer Pfütze auf der Matte.
„Bleibt schön ruhig." Mike sah hinter sich. „Der Fluss ist flach hier. Wird alles okay sein."
Es war aber nicht okay. Das hörte ich am Zittern von Mikes Stimme, bemerkte es an seinen weißen Fingerknöcheln und der gebeugten Schulter.
Um Emmas willen versuchte ich, ruhig zu bleiben, was sie wohl kaum überzeugte. Mein Schwanz hing herab. Meine Beine zitterten. Ich schaute von Mike zu Emma und dann auf den Fluss mit seinen Stromschnellen. Treibgut schwamm vorbei: Zweige, Äste, ein Baumstamm. Sie krachten gegen Felsen, die aus dem Wasser ragten, und verschwanden in der Gischt vor uns.
Mike kurbelte das Fenster herab. Ein Dröhnen erfüllte das Wageninnere. „Stromschnellen", flüsterte er.
Er sprach so leise, dass ihn wohl keiner der anderen hörte.
„Was?", fragte Zach.
In diesem Moment bewegte sich das Auto.
„Was ist los?" Emma beugte sich vor und schaute über den Sitz.
Eine ominöse Stille breitete sich aus. Das Fahrzeug wackelte. Knirschende Geräusche drangen durch den Boden, der über Steine schrammte.
Mike legte die Hand auf Zachs Schulter. „Keiner bewegt sich."

Seine weiteren Worte wurden vom Rauschen der Stromschnellen verschluckt.
Zach schüttelte Mikes Hand ab und öffnete die Tür. Wasser lief herein und floss über den Boden.
„Was machst du denn?“ Mike wollte ihn abhalten, doch Zach war bereits am Rand seines Sitzes, und seine Beine baumelten über dem rauschenden Fluss.
„Ich denk, ich kann's schaffen.“
Bevor Mike noch etwas sagen konnte, warf sich Zach seinen Rucksack über und nahm die Karte vom Rücksitz. Er stieg aus und setzte einen Fuß auf einen Stein direkt neben dem Auto.
„Sei vorsichtig!“, rief Mike.
Ich verrenkte den Hals und entdeckte, was Zach aufgefallen war. Eine Reihe von Steinen ragte aus dem Wasser. Sie führten zum entfernten Ufer.
Zach breitete die Arme aus, um das Gleichgewicht zu halten. Er schritt voran, einen glitschigen Stein nach dem anderen.
„Machst du super“, rief Mike.
Emma rutschte herüber. Sie drückte ihr Gesicht gegen die Scheibe. Selbst Lucinda kroch näher. Ihr Atem roch nach Erbrochenem.
Ein Ast rauschte vorbei, gefolgt von anderem Treibgut: ein leeres Glas, komplett mit Deckel, ein verwitterter und ausgebleichter Zaunpfahl. Aus den Augenwinkeln erkannte ich einen Baumstamm.
Ich bellte. *Pass auf, Zach.*
Zach hörte mich nicht. Er stand vorgebeugt mit einem Fuß auf einem Stein, mit dem anderen suchte er Halt auf dem nächsten Felsbrocken. Den Baumstamm bemerkte er nicht.
Er krachte gegen den Stein und traf Zach am Knöchel. Zach schwankte kurz und kämpfte um sein Gleichgewicht, das er schließlich wieder fand. Als er seinen Rucksack verlagerte und hinter sich sah, erkannte ich sein schmerzverzerrtes Gesicht.

Emma wurde blass. „Zach hat sich verletzt“, flüsterte sie.
Mike rutschte auf Zachs Sitz hinüber. „Warte. Ich komme.“
„Nein, bleib drin!“, rief Zach.
Er verlagerte den Rucksack und prüfte den Fluss auf weiteres Treibgut. Dann humpelte er über die verbleibenden Steine.
Emma klatschte in die Hände. „Ich wusste, dass du es schaffst, Zach!“
Am Ufer angelangt winkte Zach und setzte sich. Mit verzerrtem Gesicht streifte er sich den Schuh vom verletzten Bein. Auch das Ausziehen der Socke schmerzte ihn.
„Wir sind dran“, sagte Mike zu Emma. „Keine Sorge. Klappt alles, versprochen.“
„Ich hab Angst.“
„Ich auch. Deshalb sind wir vorsichtig.“
Mike hielt sich an der Tür fest und setzte den Fuß auf denselben Stein, den Zach genutzt hatte. Er griff nach Emmas Hand. „Komm. Ein Schritt nach dem anderen.“
Mike sah die unter dem Sitz kauernde Lucinda. Und mich mit meinen Pfoten am Fenster. „Bleibt einfach so. Ganz ruhig. Ich hol euch gleich.“
Ich bezweifelte aber, dass er es schafft, so sehr zitterte seine Stimme, und sein Atem war flach und rasselnd. Selbst auf ebener Erde schwankte er, und das hier war weit riskanter.
Mike hielt Emmas Hand und lotste sie. „Immer mit der Ruhe. Genau so macht man das.“
Er führte Emma von einem Stein zum nächsten. Nach einem Teil des Weges rutschte er ab. Ließ Emmas Hand los, schwankte und rang um sein Gleichgewicht. Emma auch, die die Steine hinter Mike bewältigte. Sie griff nach Mikes Hand.
Aus dem Wageninneren verfolgte ich alles. Kam mir nutzlos vor. Konnte ihnen nicht helfen, außer mit ermutigendem Bellen, was ich laut und oft tat. *Vorsichtig. Ihr schafft es.*
Schließlich fand Mike sein Gleichgewicht wieder. Er griff

nach Emma. Zusammen schafften sie die letzten Steine.
Am Ufer verständigten sich Mike und Zach kurz. Zach deutete aufs Auto und machte einen Schritt auf den Fluss zu. Mike schüttelte den Kopf und packte Zach am Arm, der Mikes Hand abschüttelte und auf den Boden zeigte. Er sagte etwas. Ich konnte es zwar nicht hören, bin aber in der Lage, Gesten und Gesichtsausdrücke zu interpretieren. Ziemlich sicher meinte Zach: „Bleib hier, ich mach das."
Während Mike unter einem Baum ausruhte, überquerte Zach zwei Mal den reißenden Fluss. Zuerst schwang er sich Lucinda auf die Schulter und kämpfte sich unsicher von Stein zu Stein voran. Lucinda hielt sich fest, hing wie ein nasser Lappen über Zachs Schulter und hatte gelbe Augen so groß wie Untertassen.
Ich beobachtete die beiden, besorgt wegen ihnen, jedoch auch wegen mir. Als einziger war ich noch im Auto. Meine Aussichten hingen von ihrem Erfolg ab. Zur Anfeuerung bellte ich und betatzte die Scheibe.
Als Zach mich holen kam, wickelte er mich in meine Decke. Hievte mich auf seine Schulter und klammerte sich an die Fahrzeugtür, bis er mit den Füßen Halt fand.
„Halt dich fest, Coop."
Ich grub meine Fersen in Zachs T-Shirt. Bei jedem Schritt schaute ich den Fluss hoch, besorgt, dass uns ein weiterer Baumstamm umwerfen könnte. Notfalls hätte ich zur Warnung gebellt, aber lediglich einige kleinere Äste schleuderten gegen die Steine, so dass uns nichts passierte.
In der Mitte des Weges blieb Zach stehen und verlagerte mich auf die andere Schulterseite. Kurz erblickte ich sein blasses Gesicht, die gerunzelte Stirn, die zusammengebissenen Zähne.
Zach tätschelte mir den Rücken. „Gleich haben wir's, Coop."
Am Ufer begrüßte uns Mike mit ausgestrecktem Arm. Zach

packte ihn und humpelte einige Schritte, bevor er mich absetzte. Sein Gesicht war nass von der Gischt, und seine Hände zitterten.

„Nur noch einmal“, drehte sich Zach zum Fluss. „Wir brauchen ein paar Sachen aus dem Auto.“

Mike hielt Zach am Arm fest. „Bleib da. Ich gehe.“

Doch keiner von beiden ging. In diesem Augenblick ruckelte das Fahrzeug. Die Reifen rutschten von dem glitschigen Vorsprung. Wir sahen, wie ein Baumstamm das Auto traf und es herunterschlug. Es trudelte hin und her, bis es die Stromschnellen erreichte. Dann kippte die Motorhaube nach vorne, das Heck hob sich, und das ganze Ding verschwand in der schäumenden Gischt.

39. Kapitel

Menschen reagieren unterschiedlich auf Katastrophen. Mike ließ sich wortlos zu Boden fallen. Emma starrte auf die Stelle, an der das Auto verschwunden war, als könne sie es wieder heraufbeschwören. Sie bemerkte nicht einmal Lucinda, die sich an ihre Beine schmiegte, um Aufmerksamkeit zu erregen.

Zach sank auf den Boden. Er hielt sein verletztes Bein und wiegte sich hin und her. „Und jetzt? Und jetzt?"

Mit dem Kopf auf seiner Brust legte ich mich neben Mike. Über das Röhren des Flusses hinweg hörte ich seinen Herzschlag, unregelmäßig wie bei einem schlechten Schlagzeuger. Er atmete schwer und stöhnte bei jedem Zug.

„Und jetzt?", fragte er genau wie Zach.

So blieb es lange. Wir fünf waren nicht nur in Gedanken verloren, sondern auch tatsächlich.

Der Fluss durchbrach den dichten Wald. Am Ufer gegenüber lag unerreichbar die kurvenreiche, leere Straße nach Madison. Auf unserer Seite umgab uns Wildnis, ohne die Spur eines Weges hinaus.

„Wir haben alles verloren", beendete Zach das Schweigen.

„Nicht ganz", lächelte Mike schwach. „Coop hat noch seine Decke."

Mikes Bemerkung löste die Anspannung. Zach kicherte.

Emma drehte sich um und bemerkte endlich Lucinda an ihren Beinen.
„Oh Lucy, du siehst schrecklich aus!“ Sie hob die durchnässte Katze hoch und wiegte sie in ihren Armen. „Gott sei Dank bist du okay.“
Mike versuchte aufzustehen, setzte sich allerdings sofort wieder. „Ich brauch einfach noch eine Minute.“
„Was machen wir?“, fragte Zach erneut.
Mike ruhte sich aus, und Emma knuddelte Lucinda. Zach säuberte sein Bein. Ich näherte mich ihm. Man musste kein medizinischer Experte sein, um die Schwere seiner Verletzung zu erkennen. Es sprach für Zach, dass er nicht über den geschwollenen und blutigen Knöchel jammerte. Er streifte seine Hose wieder herunter und behielt die schlechte Nachricht für sich. Wollte wahrscheinlich die anderen nicht beunruhigen.
Die feuchte Landkarte breitete er auf dem Boden vor Mike aus. „Was schätzt du, wo wir sind?“
Mike beugte sich vor. „Ich kann nur raten, aber ich denke; hier.“ Er tippte mit dem Finger auf die Karte.
Ich kroch näher. Mikes Markierung erschien mir wie jede beliebige auf der Karte.
„Schau.“ Mike fuhr mit dem Finger über die Karte. „Das ist die Straße. Hier ist der Fluss. Siehst du, wie er breiter wird? Dort müssten wir sein.“
Zach las vor: „Die Midland-Stromschnellen.“
Für mich wirkte auf der Karte alles gleich.
„Dort ist Madison“, meinte Mike. „Und wir sind hier.“
Zach schüttelte den Kopf. „Ist ein ziemlich langer Weg. Und eng. Berge und Wald. Ein Gebirgskamm.“
„Schau hier.“ Mike tippte wieder auf die Karte. „Am Fuß des Kamms verläuft eine Bahnstrecke.“
„Und?“

„Sie führt direkt nach Madison. Wir müssen sie nur finden und ihr folgen.“

Zach biss sich auf die Wange, fuhr sich mit der Hand durch die Haare und starrte auf den sich verdunkelnden Himmel. Er sprach es nicht aus, doch ich wusste, was er dachte. Wir hatten alles an den Fluss verloren, nicht nur die Rucksäcke, Koffer und die Kühlbox, sondern auch Mikes Tabletten.

Sie machten sich bereit zum Schlafen. Ich nicht. Nur die anderen.

Zach rollte die Kleidung aus seinem Rucksack als Kissen für Mike und Emma zusammen. Wärmesuchend kuschelten sie sich neben einem umgestürzten Baumstamm aneinander. Emma hielt Lucinda. Eingelullt durch eine leichte Brise und das Rauschen des Wassers schliefen sie erschöpft ein.

Was ich nicht konnte. Ich schmiegte mich an Mike. Meine dünne Decke bescherte uns nur wenig Wärme. Sobald ich die Augen schloss, wurde ich von etwas wach. Mikes rasselndem schwerem Atem. Seinem unregelmäßig hämmernden Herzschlag. Zachs Stöhnen. Leisen Seufzern Emmas.

Geräusche im Wald ließen mich auch nicht schlafen. Eulen riefen. Blätter raschelten. Weit entfernt heulten Wölfe.

Und die Sterne. Selbst sie hielten mich wach. Ohne Wolken und die Lichter der Stadt leuchteten sie heller, als ich es je gesehen hatte. Mir fiel mein Versprechen ein. Eva und Johnny. Wo waren sie?

Ich blickte nach oben ins Gewirr. Suchte zwei Sterne nahe beieinander, einen großen und einen kleinen. Es gab aber so viele. Ich fand sie nicht und gab auf.

Ich kroch weg von den anderen und setzte mich an den Fluss. Nachts wirkte er weniger bedrohlich als zuvor. Das

andere Ufer konnte ich nicht sehen. Die Stromschnellen, die das Auto verschluckt hatten, auch nicht.
Was würde aus uns werden? Es gab nichts zum Essen. Nur die paar Vorräte in Zachs Rucksack. Inzwischen wüsste Jess, dass etwas nicht stimmt, weil wir nicht wie vorgesehen eingetroffen waren. Doch selbst wenn sie die Polizei verständigte, fände die uns nicht. Wir waren weitab von unserer geplanten Route, ohne Handys oder eine andere Möglichkeit, Jess zu kontaktieren.
Ich dachte an die Landkarte. Madison war ein Punkt weit oben. Unsere Position meilenweit weg. Der dichte Wald, die Berge, der Kamm dazwischen. Die schmale Eisenbahnstrecke als Hoffnung, sofern wir sie erreichten.
Bloß wie? Mike war gebrechlich und ohne sein Medikament. Zachs Knöchel? Er müsste über schwieriges Terrain hinken und hüpfen. Emma. Lucinda. Keiner hätte wohl die Kraft und Ausdauer, es zu schaffen.
Und ich? Ein Dackel, alt, gichtgeplagt, mit Hüftproblemen. Aussichtslos.
Stunden verstrichen. Mike schnaubte und atmete schwer. Zach drehte sich herum, stöhnte leise und schlief wieder ein. Emma und Lucinda bewegten sich nicht. Kein einziges Mal.
Langsam lichtete sich die Dunkelheit. Im Osten nahm der Himmel eine andere Farbe an: die Rosa- und Goldtöne eines neuen Tags. Die Sonne stieg über den Horizont, und ich beobachtete, wie die Sterne verloschen.
Ein Sternbild erregte meine Aufmerksamkeit. Canis Major.
Ich richtete mich auf. Ein Stern leuchtete heller als die anderen. Der Hundsstern. Sirius, der sich seinen Platz am Himmel verdient hatte.
Andere mögen vielleicht abwinken. Lächerlich. Der Himmel – wenn es ihn überhaupt gibt – ist nicht dort oben. Leute ver-

wandeln sich nicht in Sterne, wenn sie sterben. Und wenn sie das nicht tun, dann tun es Hunde – selbst die begabtesten – sicher auch nicht. Wie bescheuert.
Aber an diesem Morgen dachte ich, sie täten es doch.

40. Kapitel

Es wurde schon langsam warm. Keine Wolke weit und breit. Ein weiterer Hitzetag kündigte sich an.
Erneut studierte ich den Himmel. Wenn Sirius einen Stern hatte, mussten andere treue, mutige und zuverlässige Hunde doch auch einen haben? Bobbie, der Wunderhund, zum Beispiel. Diese ganze Zeit alleine, Tag und Nacht, Berge hinauf und durch Wüsten, um zu seinem Herrchen zu gelangen. Das sollte ihm doch einen Platz dort oben einbringen? Oder Hachiko – seinem Besitzer derart lange treu. Salty – Omar so sehr ergeben. Müssten sie nicht auch Sterne haben?
Ich betrachtete die anderen, die aneinander geschmiegt schliefen. Zach hatte den Arm um seine Schwester. Lucinda lag bequem zwischen Emma und Mike. Mike schlief auf dem Rücken, eine Hand auf der Brust, mit rasselndem Atem.
Niemand sagte Bobbie, dem Wunderhund, was er tun und wohin er gehen sollte. Keiner befahl Salty, Omar zu helfen, als Terroristen das World Trade Center angriffen. Dasselbe bei Hachiko. Er kam von sich aus zum Bahnhof. War es Instinkt? Waren sie einfach cleverer als andere Hunde? Oder wuchsen sie über sich selbst hinaus?
Ich wusste es nicht. Die Menschen allerdings auch nicht. Trotz ihrer ganzen schlauen Testerei. Nehmen wir Laika. All

die Drähte, die zu Geräten führten, als sie ins All schoss. Was lernten die Wissenschaftler daraus? Nicht viel. Etwas über ihren Puls, ihren Atem, aber nichts über ihre Gedanken oder Gefühle. Nichts über ihre inneren Regungen. Nichts über ihre Seele.

Bei all ihrer Intelligenz haben Menschen eigentlich keine Ahnung, was im Kopf eines Hundes vorgeht. Was ihn zu seinen Handlungen antreibt. Vielleicht finden sie das nie heraus. Vielleicht ist es eines der größten Geheimnisse aller Zeiten.

Ich sah die Landkarte in Zachs Hand. Stellte sie mir noch einmal vor. Der Fluss schlängelte sich durch den Wald nach Osten. Die Eisenbahnlinie verlief von Norden nach Süden. An einem bestimmten Punkt führte sie über den Fluss.

Dem Fluss folgen. Die Bahnstrecke erreichen. Von dort direkt nach Madison zu Jess. Leicht.

Ich war erst einige Schritte gegangen, als Zach sich gähnend aufsetzte. Er betrachtete die schlafende Emma, die Lucinda umklammerte. Betrachtete Mike, unter meiner Decke zusammengerollt. Dann bemerkte er mich.

„Coop?“

Ich drehte mich kurz um, ging ein paar Schritte weiter und zögerte, weil Zach erneut rief.

„Warte, Coop.“

Mike murmelte etwas. Emma drückte Lucinda fester an sich. Keiner wachte auf, als Zach herüberhumpelte und bei jedem Schritt das Gesicht schmerzhaft verzog.

„Verlässt du uns, Coop?“

Wie konnte ich es ihm sagen?

Musste ich gar nicht. Zach schaute zurück zu Mike. Er sah die Decke. Wusste, ich würde zu ihr zurückkommen, zu ihnen.

„Du bist der einzige, der es schaffen kann.“

Zach kauerte sich neben mich. Fuhr mit der Hand meinen Rücken entlang. Seine Finger verharrten auf dem Halsband.

„Wart kurz, Coop."
Er holte seinen Rucksack, wühlte darin herum und holte seine Ohrstöpsel heraus.
„Das könnte helfen", sagte er und wickelte sie an mein Halsband.
Er nahm seinen Notizblock, riss ein Blatt ab und schrieb eilig eine Nachricht, die er an den Ohrhörern befestigte. „Los, Coop. Wir zählen auf dich."
Ich lief eine kurze Strecke, blieb stehen und schaute zurück. Zach stand immer noch an derselben Stelle. Er nickte und winkte.
Ich rannte los. Folgte dem Zickzackkurs des Flusses an den Stromschnellen vorbei, wo das Auto verschwunden war. Nach ein paar Minuten war ich nur noch von Wald umgeben, blieb stehen und fragte mich, was ich da bloß machte. Was hatte ich mir gedacht? Ich war kein Bobbie oder Hachiko. Ich war Coop, ein müder alter Dackel. Worte, die ich mein Leben lang zu hören bekam, schossen mir durch den Kopf: „Schaut! Ein Wiener Würstchen! Eine wandelnde Wurst! Eine Zwergenwurst! Haha!"
Ich sah hoch zum Himmel. Das Rosa und das Gold waren verschwunden und abgelöst von einem strahlenden Blau. Sirius konnte man nicht mehr erkennen, doch ich wusste, er war immer noch da, klammerte sich an seinen Platz im Himmel. Er würde nicht aufgeben, oder?
Ich verscheuchte meine Zweifel und rannte weiter. Der Fluss schlängelte sich durch den Wald, vorbei an dicht stehenden Kiefern und Pappeln. Er floss auch durch Wiesen, Grasflächen, die wie treibende Inseln in einem Meer von Bäumen wirkten. Bald war das Ufer nicht mehr schlammig, sondern voller Felsbrocken und Kieselsteine. Der Fluss wurde breiter. Hinter dem flachen Gelände erhoben sich Berge und Felsvorsprünge.

Geschwindigkeit war nicht meine Sache. Steile Anstiege auch nicht. Nicht mit meiner Arthritis und den kurzen Beinen. Und ich hatte den falschen Körperbau für Gestrüpp und hohes Gras. Kletten verhakten sich an meinem Bauch. Sie klebten fest und wurden immer mehr, je weiter ich lief. Rieben gegen meine Beine. Steckten an meinen Ohren. Um sie abzustreifen, blieb ich stehen, aber ich schwöre, sie klammerten sich nur umso tiefer fest.

Die Sonne brannte, die Felsen glühten, und meine Pfoten litten schwer. Wenn ich zu müde wurde, ruhte ich aus. Wenn ich aus Durst an Kraft verlor, trank ich aus dem Fluss. Und wenn der Hunger zuschlug ... naja, dann gab es nichts zu essen. Ich versuchte, Baumrinde zu kauen und sogar die nervenden Kletten, davon wurde mir allerdings nur übel. Ich dachte an Lucinda, die bei jeder Kurve würgte. So fühlte sich das also an.

Über lange Zeit hatte ich den Wald und den Fluss für mich allein. Außer einigen kreischenden Krähen und hoppelnden Hasen schien es keine weiteren Lebewesen zu geben. Ich richtete mich in der Gewissheit ein, allein zu sein.

Das war ich jedoch nicht.

Hinter einer Biegung spürte ich einen Blick im Nacken. Es lief mir kalt den Rücken hinunter. Ich schaute zu einer Gruppe von Pappeln. Die Luft stand still – nicht die leiseste Brise – und trotzdem zitterten die Blätter. Mir fiel eine leichte Bewegung auf, ein Schatten. War es ein Berglöwe? Vielleicht ein Bär? Langsam und klein wäre ich ein leckerer Imbiss für ein hungriges Raubtier.

Ich eilte weiter, aber die Begegnung verstörte mich. Oft sah ich über die Schulter und überprüfte die Bäume zu beiden Seiten auf verborgene Gefahren. Mit jedem Schritt wuchs meine Angst, und ich malte mir Schreckliches aus. Ich war hier der Gejagte. Auf fremdem Territorium.

Mitte des Nachmittags war ich so wund und müde gelaufen, dass ich nicht mehr weiter konnte. Ich suchte mir einen schattigen versteckten Winkel. Legte mich auf die Seite, damit die Kletten mich nicht zu sehr schmerzten. Sofort schlief ich ein.
Ich musste stundenlang geschlafen haben und bekam gar nicht mit, dass die Sonne gewandert war und der Tag zu Ende ging. Als ich schließlich aufwachte, hingen Schatten über dem Wald. Noch nie hatte ich mich so einsam gefühlt. Ich war es gewohnt, mit anderen im Haus zu sein. Selbst meine schlampigsten Herrchen hatten mir ein Bett gegeben. Selbst Ruth sagte im Tierheim immer gute Nacht.
Ich marschierte weiter und fühlte mich so einsam wie noch nie.

41. Kapitel

Der Mond ging langsam auf und leitete mich. Ich trottete weiter, bemüht, meine Angst und den großen Hunger zu unterdrücken. Wenn ich nicht erkannte, was vor mir lag, vertraute ich meinen Ohren und meiner Nase. Ich folgte dem Geräusch rauschenden Wassers. Erschnupperte in der leichten Brise den süßlichen Kieferndu ft und den erdigen Geruch faulender Blätter.

Bekam ich Angst, dachte ich an Bobbie. Er hatte damals bestimmt auch Angst. Diese lange Zeit allein, Tag und Nacht, Sommer und Winter. Ich dachte an Hachiko, Salty, Balto und all die anderen Helden. Keiner von ihnen gab auf, als es schwer wurde.

Und ich dachte oft an Mike. Auch an Zach und Emma. Sie mussten genauso hungrig und ausgekühlt sein. Aneinander geschmiegt stellte ich sie mir auf der Lichtung vor. War ich ihre einzige Hoffnung?

Und Jess, was machte sie? Ich sah sie am Fenster ihres neuen Hauses sitzen, in die Dunkelheit draußen starren, sich fragen, wo wir stecken, und beten, es möge uns gut gehen.

Schließlich wurde das Ufer schmäler. An seine Stelle trat eine steile Felswand. Um sie zu umgehen, musste ich den tiefen Wald betreten.

Im Mondlicht spielten Schatten auf dem Boden. Bäume nahmen seltsame Formen an. Eine Eule rief. Es folgte ein Chor anderer Geräusche: quakende Frösche, zirpende Grillen. Weit entfernt heulten Wölfe. Zitternd lief ich weiter.
Allmählich wurde der Wald weniger dicht. Ich betrat eine von hohen Bäumen umringte Lichtung. Hörte das Rauschen des Flusses nicht mehr, was mich beunruhigte. Hatte ich mich verlaufen? In der Mitte der Lichtung vernahm ich neue Geräusche. Kreischende Räder. Das Dröhnen eines Zuges. In der Gewissheit, nahe an der Bahnstrecke zu sein, lief ich schneller.
Schließlich verhallte das Geräusch des Zugs. Im Wald wurde es still. Zu still. Ich lauschte und atmete kaum. War ich vom Weg abgekommen?
Ein Zweig knackte. Licht wanderte zwischen den Bäumen und kam näher. Ich hörte Stimmen. Metallisches Klappern.
„Bist du sicher, dass es hier ist? Es ist meilenweit von allem entfernt", sagte ein Mann.
Mir schauderte. Die Stimme klang wie die von Rick.
„Ja-a, das ist es. Ich kenn diese Ecke wie meine Hosentasche", meinte ein anderer Mann.
Laub raschelte. Äste teilten sich. Eine Kreatur, die eine rasselnde Kette hinter sich her zog, trat aus dem Schatten. Ich versteckte mich hinter einem Baum und versuchte, meiner Panik Herr zu werden.
Zwei Männer folgten. Einer hielt eine Taschenlampe. Er war groß, schlank und trug grünbraune Klamotten. Über seiner Schulter hing ein Gewehr. Der andere Mann war in denselben Farben gekleidet, kleiner und mit Bierbauch, der ihm über den Gürtel hing. Statt eines Gewehrs trug er eine große Armbrust.
Ich atmete auf. Keiner der beiden war Rick. Trotzdem erkannte ich ihre Kleidung. Einer meiner früheren Besitzer zog

sich genauso an. Dann blieb er stundenlang weg. Kam er mit dem Gewehr in der Hand zurück, roch er nach Tod.
Oft brachte er eine Trophäe: eine schlaffe Ente oder einen blutenden Hasen mit glasigen Augen.
„Warte, Butch." Der große Mann packte die Kette, um die Kreatur herbeizuziehen.
„Dein Hund ist total nutzlos", behauptete der Kleinere. „Warum hast du ihn überhaupt angeschleppt?"
Ted zog den Hund zu sich und verstrubbelte sein Fell. „Ignorier ihn, Butch. Du bist ein guter Hund, oder?"
Butch war so groß wie ein Pony. Er hatte trist herabhängende Augenlider. Haut hing ihm lose vom Kinn. Speichel troff aus seinem Maul wie klebrige kleine Eiszapfen. Ein wenig ähnelte er Spike aus dem Tierheim, ein Bluthund mit hitzigem Gemüt.
Er stellte sich auf die Hinterbeine und umfasste Teds Schultern. Mit seiner langen Zunge leckte er Teds Gesicht, so dass dessen Kopf voller klebrigem Sabber war.
„Braver Hund", wiederholte Ted und kratzte Butchs Rücken. „Jetzt such dir ein Plätzchen für dein Geschäft."
Butch schnupperte an einem Baum, hob sein Bein und begoss ihn kräftig. Später wickelte Ted die Kette auf und band sie um einen Baumstumpf. „Wirst schon sehen, Sam. Morgen erweist Butch uns gute Dienste. Er hat den Killerinstinkt. Wir sind ein tolles Team."
Sam zündete eine Lampe an und stellte sie auf einen Stumpf. Während die Männer ein kleines Zelt aufbauten und Schlafsäcke ausrollten, hockte Butch auf seinen Hinterbeinen und starrte mit trüben Augen in den Wald.
„Mach dich nützlich, Ted", verlangte Sam. „Hol ein bisschen Feuerholz, und ich bereit das Essen vor."
Ted stellte sein Gewehr gegen einen Felsen. Mit langen Schritten lief er über die Lichtung und leuchtete mit der

Taschenlampe nach links und rechts. Ab und zu bückte er sich und sammelte Zweige und Äste auf. Die warf er auf einen Haufen und murmelte leise: „Genau, lass mich nur die Dreckarbeit machen."
„Was meinst du?", fragte Sam.
„Nichts."
Ted grummelte weiter, als er an meinem Versteck vorbeikam. Das Herz schlug mir bis zum Hals. Dann knurrte mein Magen. Laut.
Butch bellte wütend und sprang an der Kette ziehend vor.
Ted richtete die Taschenlampe auf die ganze Lichtung. „Hast du das gehört, Sam?"
Sam nahm seine Armbrust und gab Ted das Gewehr. „Was gehört?"
Ted schulterte das Gewehr. „Keine Ahnung. Kam von dort drüben."
Ein Lichtstrahl erhellte den Baum. Ich duckte mich. Der Strahl wanderte weiter, zurück zu meinem Baum und erneut weiter. Mit angehaltenem Atem erhaschte ich einen schnellen Blick.
Butch jaulte. Er bearbeitete den Boden und zerrte an der Kette.
„Ruhig, Butch", befahl Ted. „Wahrscheinlich ist gar nichts."
Butch schnupperte. Seine Ohren zuckten. Er starrte fest auf mein Versteck. Setzte sich auf die Hinterbeine und bellte kräftig.
„Bring den Hund zur Ruhe, ja?", brüllte Sam. „Wir sollten nicht hier sein, vergiss das nicht."
„Ich hab dir doch gesagt, hierher verirrt sich keiner."
„Vorsicht ist die Mutter der Porzellankiste. Jagen außerhalb der Saison kommt teuer. Und ich brauch weiß Gott keine Vorstrafe."
„Ja-a, ja-a. Mach dir keinen Kopf. Wenn du morgen dein

erstes Wild erlegt hast, siehst du die Dinge anders."
Butch jaulte erneut. Er schien so gierig aufs Töten wie die beiden Männer.
Ted wedelte mit der Taschenlampe herum. „Reg dich ab, Butch. Da ist nichts."
Butch streckte seinen langen Körper auf dem Boden aus, seinen Kopf fast in der Bohnendose, die Sam öffnete. Essensgeruch wehte zu mir herüber und reizte meinen leeren Magen. Was hätte ich nicht für einen kleinen Bissen gegeben.
Ted warf einen Armvoll Feuerholz auf den Boden. Er zerbrach Äste in kleinere Teile, stapelte sie kreuzweise und zerknüllte ein Stück Papier, um es in die Mitte zu legen.
„Du zündest das doch jetzt nicht an, oder?", fragte Sam. „Sieht man meilenweit."
„Natürlich nicht. Ich bin ja nicht bekloppt. Nur die Vorbereitung für morgen. Geht nichts über ein warmes Frühstück, um den Tag zu beginnen."
Ich konnte mich nicht bewegen. Für Butch war ich eine Vorspeise, und Ted wirkte fahrig und scharf darauf, sein Gewehr einzusetzen. Ich gab ein leichtes Ziel ab: alt, langsam und farblich mit so ziemlich jedem anderen Tier im Wald zu verwechseln.
Die nächsten Stunden verbrachte ich ein Auge auf die Männer, das andere auf Butch gerichtet, und wartete auf eine Gelegenheit für meine Aktion.

42. Kapitel

Die beiden Männer brauchten ewig, um einzuschlafen. Sie saßen auf Baumstümpfen beim gestapelten Feuerholz, aßen kalte Bohnen und tranken ein paar Biere. Ted ließ Butch die Dose auslecken. Die Stimmen der Männer hallten über die Lichtung. Sie sprachen über die Jagd am nächsten Morgen, ihre Taktik und wie sie ihre Opfer erledigen würden.

Ab und zu knurrte Butch, und Ted wedelte mit der Taschenlampe. „Hast du das gehört?"

Jedes Mal beruhigte ihn Sam. „Nee. Ist nichts. Komm schon, trink aus."

Im Wald und weit weg vom Licht der Stadt leuchteten die Sterne hell. Ich suchte nach Bobbie, Salty, Hachiko und den anderen. Auch nach Eva und Johnny. Es waren aber so viele Sterne, dass ich sie nicht unterscheiden konnte. Dann dachte ich aus irgendeinem Grund an Lucinda. Bekamen Katzen auch einen Platz im Himmel?

„Wir sollten ein bisschen schlafen", schlug einer der Männer vor und unterbrach meine Gedanken.

Die beiden legten sich ins Zelt und redeten dort weiter. Als Butch jaulte, zerrte Ted ihn ins Zelt. Sam beschwerte sich, gab aber schließlich nach. Die Kette rasselte. Butch bellte einmal kurz, dann wurde es still im Wald.

Ich wartete. Und wartete noch ein wenig länger.

Jetzt wusste ich, die Bahnstrecke lag nicht weit entfernt. Und damit Madison. Ich musste nur von der Lichtung fliehen, mich durch die Bäume kämpfen und den Grat erklimmen. Der Fluss war bestimmt nahebei. Die Brücke zur Bahnstrecke auch.

Ein Wolf heulte. Andere stimmten ein. Ein Chor von Gejaule und Gebelle erfüllte die Luft. Die Wölfe klangen näher als zuvor.

Kein Laut aus dem Zelt. Vielleicht hatte Ted Butch dieselbe Medizin verabreicht, die Mike Lucinda gab. Der Hund winselte nicht, selbst als die Wölfe besonders laut wurden.

Unter ihrem Geheule kroch ich durch das vertrocknete Gras. Am Zelt hielt ich an. Alle drei schnarchten in schöner Regelmäßigkeit.

Ich kroch weiter, machte dann aber kehrt. Fand den Baum, den Butch bewässert hatte. Hob das Bein und markierte ihn. *Nimm das, Butch. Der gehört mir.*

Am Rand der Lichtung erhöhte ich das Tempo. Schlängelte mich zwischen hohen Bäumen durch und an einer Felszunge vorbei. Die Sammlung von Kletten an meinem Bauch war gewachsen. Bei jedem Schritt rieben die scharfen Spitzen meinen Bauch wund. Schnaufend und stöhnend überwand ich die Schmerzen in meinen Gelenken und an den aufgerissenen Pfoten, um den steilen Anstieg zum Berggrat zu erklimmen.

Hinter dem kahlen Grat erhob sich eine Felswand, doch der Blick auf die andere Seite war atemberaubend. Im Licht des Mondes und der Sterne erkannte ich Teile meines Wegs. Den dichten, sich meilenweit erstreckenden Wald. Den Fluss, der ihn wie eine Schlange durchwand. Die Lichtung, auf der die beiden Männer und Butch schliefen.

Erschöpft ruhte ich mich auf dem Grat aus und schaute zum Horizont. Irgendwo in der entfernten Dunkelheit warteten

Mike, Emma und Zach. Und Lucinda natürlich. Schliefen sie? Links erblickte ich einen schmalen Schatten, der zu Lichtern in der Ferne führte. Die Eisenbahnstrecke. Die Lichter von Madison. Dort war Jess, wartete und machte sich Sorgen.

43. Kapitel

Stunden später erwachte ich, aus dem tiefen Schlaf gerissen von einem beunruhigenden Gefühl. Im Osten schob sich die Sonne langsam über den Horizont. Ich fand Orion, Canis Major und Sirius. Seltsamerweise leuchtete Sirius matter als sonst.

Herangeweht von einer steifen Brise traf mich ein ätzender Geruch. Dichter Dunst hing über dem Wald. Auf der Lichtung flackerte etwas. Mein Magen zog sich zusammen.

Ein orangenes Leuchten durchdrang den Dunst – das Leuchten züngelnder Flammen. Unten hörte ich Schreie. Ich dachte an die beiden Jäger. Vielleicht waren sie auf, schürten das Feuer und machten lediglich ihr Frühstück. Doch das war natürlich unwahrscheinlich. Für eine derart einfache Erklärung hatten sich die Flammen zu weit ausgebreitet.

Die Schreie wurden lauter. Aus dem Dunst tauchten drei Gestalten auf, die auf den Grat zu hetzten. Butch voran, die Kette hinter ihm her rasselnd. Danach Ted und Sam, Gewehr und Armbrust über den Schultern.

„Du blöder Idiot!“, schrie Sam. Er rannte mit wippendem Bauch kurz hinter Ted.

„Ach, halt die Klappe. Du warst keine Hilfe, oder?“, rief Ted zurück.

Angefacht vom Wind fraß sich das Feuer über die ausgedörrte Lichtung. Lodernde Flammen im Rücken galoppierte Butch voran. Ted verfolgte die Kette und brüllte: „Warte, Butch!"
Die drei rasten an Sträuchern vorbei und wichen Felsbrocken aus. Sie sprinteten den steilen Anstieg zum Grat hoch. Ich hielt Ausschau nach einem Versteck, aber auf dem Berggrat gab es keine Bäume. Nur eine Steinplatte und etwas Gestrüpp durchbrachen die Monotonie. Hinter einem Busch legte ich mich auf den Bauch und hoffte, unbemerkt zu bleiben.
Butch kam als erster oben an. Seine Zunge hing ihm aus dem Maul wie eine durchgeweichte Krawatte. Sabber tropfte auf den Boden. Die beiden Männer folgten keuchend und hielten sich die Seiten.
„Und jetzt?", fragte Ted.
Der andere Mann antwortete nicht. Sam wich vom Rand des Grats zurück und schüttelte den Kopf.
Genau in dem Moment entdeckte Butch mich. Er knurrte. Es war ein schwaches, unterdrücktes Knurren, als ob Butch es für seine Pflicht hielt, mir zu drohen, jedoch keinen Mumm zu einem Kampf hatte.
Ich studierte Butch. Aufgerissene Augen. Schlaff hängender Schwanz. Gebeugte Schultern. Butch hatte Angst.
„Was zum ...?" Ted sah mich auch.
Sam schaute her. „Ich glaub's nicht. Ein Hundewürstchen. Was will der denn hier?"
Eine laute Explosion lenkte ihre Aufmerksamkeit ab. Am Rand der Lichtung, wo das Gras auf den Wald traf, fing eine Kiefer Feuer. Die Flammen züngelten den Stamm hinauf in die Krone. Glut schoss himmelwärts. Funken wehten auf andere Bäume und verursachten neue Feuer. Andere Glut wirbelte noch höher und wurde vom Wind weiter in den Wald getragen. Ein Funken landete vor Teds Füßen.
„Wo sollen wir hin?", fragte er und trat ihn aus.

Sam starrte auf die Felswand hinter ihnen. „Keine Ahnung. Hier müssten wir doch sicher sein, oder?“

„Hoffentlich.“ Ted presste seinen Rücken gegen die Wand. „Auf dem Grat ist nicht viel Brennbares.“

Sam zuckte mit den Achseln. „Nur wir und das bescheuerte Hundewürstchen.“

Ted rieb sich die Stirn mit dem Ärmel. Er packte Butchs Kette und zog den Hund näher heran. „Alles gut, Butch.“

Dann machte Ted etwas extrem Seltsames. Er fuhr mit der Hand über den Rücken des Hundes, tätschelte und umarmte ihn. Anschließend band er Butch los. Die Kette fiel rasselnd auf den Boden. „Du kannst gehen, Butch.“

„Was machst du denn?“, fragte Sam.

Das fragte ich mich auch. Ich wich zurück und suchte nach einem Fluchtweg.

Ted starrte Sam an. „Was ich mache? Ich lass Butch frei. Allein hat er bessere Aussichten.“

Flammen verzehrten Gestrüpp auf der Lichtung und entzündeten trockene Bäume. Butch betrachtete das Feuer und musterte dann Teds Gesicht. Er stupste sein Bein an und wedelte mit dem Schwanz. Schließlich setzte er sich zu Teds Füßen auf die Hinterbeine.

Ted schob ihn weg. „Verschwinde, du blöde Töle. Los! Hau ab, solang’s noch geht.“

Aber Butch wollte nicht. Er rückte näher zu Ted und starrte nach vorne.

Komisch, wie das Gehirn funktioniert. Meine Angst verflog. Ich stellte mir Sirius vor, dem Prinzen Yudhishthira treu ergeben. Butch war ähnlich. Würde er sich einen Stern am Himmel verdienen?

Ein Schwall von Hitze und Rauch traf uns. „He, Köter“, rief Sam über das Röhren der Flammen hinweg. „Komm besser zu uns rüber.“

„Ja-a. Sonst bist du ganz schnell ein Bratwürstchen."
„Bratwürstchen! Der war gut, Ted."
Butch bellte. Auch er schien mich herüberzurufen. Doch ich dachte an Mike. Der Weg nach Madison lag unten. In wenigen Augenblicken verhinderten die Flammen jede Chance, zu Jess zu gelangen.
Ich rannte den Abhang hinunter.
„He, Würstchen", rief Sam. „Spinnst du? Komm zurück!"

44. Kapitel

Beim Rennen wich ich Disteln voller Kletten aus. Vermied zischende Glut. Am Fuß des Abhangs betrat ich den Wald. Rauch hing über dem Boden. Orangener Dunst lag über dem Grün der Bäume. Die glühende Hitze erschwerte das Atmen. In diesem Moment bedauerte ich meine Entscheidung. Versetzte mich in eine andere Zeit und an einen anderen Ort. Die Geburtstagsfeier. Über Feuer wusste ich alles: wie schnell es sich ausbreitet, welchen Schaden es anrichtet und welchen Schmerz es verursacht. Ich drehte mich um, wollte den Abhang wieder hochlaufen, in Sicherheit zu Ted, Sam und Butch. Doch dann malte ich mir Mike auf dem Boden liegend aus, schwer atmend und mit unregelmäßigem Herzschlag. Ich dachte an Zach und Emma, zitternd vor Angst. An die wartende und besorgte Jess. Sie alle zählten auf mich. Ich durfte sie nicht im Stich lassen.

Ich stellte mir das Gelände vor, wie ich es vom Grat aus gesehen hatte – den Fluss, die Bahnstrecke, das entfernte Madison. All das lag hinter dem Wald.

Ich atmete ganz tief ein und wusste, es müsse einige Zeit vorhalten. Durch den Dunst sah ich eine Lücke zwischen den Bäumen. Darauf lief ich zu. Ich rannte um mein Leben. Für die anderen. Zu dem Fluss, der dort sein musste.

Die Bäume standen so dicht, dass ihre Kronen sich die Hand zu schütteln schienen. Flammen züngelten von einem Baum zum nächsten. Der Wald war erfüllt von knallenden und krachenden Geräuschen. Eine Hitzewelle traf mich von hinten. Ich schaute mich kurz um. Der Blick bestätigte meine Furcht. Das Feuer griff um sich, schneller als ich rennen konnte. Ich raste weiter, weil mir nichts anderes übrig blieb.

Bei jedem Schritt schmerzten meine Gelenke. Die Kletten scheuerten meinen Bauch wund. Spitze Steine ragten aus dem Boden. Nicht alle vermochte ich zu vermeiden. Alte Wunden öffneten sich. Frische kamen hinzu. Meine aufgerissenen Pfoten bluteten.

Zwischen schattenhaften Bäumen torkelte ich durch dichter werdenden Rauch. Wenn ich nichts mehr erkannte, verließ ich mich auf meinen Instinkt. Ließ die Hoffnung nach, stellte ich mir mein Ziel vor. Mike, Zach, Emma – sie brauchten mich.

Dann geschah das Unvermeidliche. Ich stolperte über eine Baumwurzel. Im dichten Rauch hatte ich sie übersehen, verlor das Gleichgewicht und stürzte. Ein jäher Schmerz durchzuckte mein Bein, und für einen Moment fühlte ich gar nichts mehr.

Ich muss das Bewusstsein verloren haben. Vielleicht nur eine Sekunde. Jedenfalls lange genug.

Es heißt, wenn man stirbt, flackern Szenen aus dem eigenen Leben an einem vorüber.

Genau das passierte mir. Es war wie eine Dia-Show, nur folgten die Bilder so schnell aufeinander, dass ich sie nicht richtig erkannte. Sie waren unscharf und verwackelt. Irgendwann hörte die Dia-Show abrupt auf. Einzelne Bilder blieben stehen. Wurden schärfer. Ich sah Buck, Sparky und die anderen im Tierheim. Ich sah Ruth. Dann sah ich Mike.

Die Dia-Show lief jetzt langsam weiter. Stoppte immer wieder.

Ich sah mich mit Mike unter dem Sternenhimmel sitzen, als er mir die Geschichte von Svana erzählte. Das nächste Bild: Ich draußen neben Mikes Bank, wie ich ihm Gesellschaft leiste, und er starrt auf die Kugel mit ihren vier Figuren.

Die Szene verdämmerte. Eine andere trat an ihre Stelle: Im Wohnzimmer betrachtete ich Laika, die Weltraum-Hündin, im Fernsehen. In der folgenden Szene bellte ich mitten in der Küche Lucinda auf der Anrichte an.

Immer weiter ging die Dia-Show. Manchmal lief sie rückwärts. Stoppte bei verschiedenen Situationen. Mike las die Geschichte von Balto und wie er heldenhaft Alaska durchquerte. Ich führte Zach und Emma spät nachts nach Hause. Mike las die Geschichte von Bobby, dem Wunderhund. Ich verließ neben dem rauschenden Fluss Mike, Zach und Emma, um Jess zu suchen.

Genau dann hörte die Dia-Show auf. Ein Film begann. Ich sah mich auf dem Boden neben Mikes Bett. Er hatte *Alles über Hunde* aufgeschlagen. Mit sanfter und angerauter Stimme fragte er: „Du bist doch ein besonderer Hund, Coop?“ Dann fing er an, die Geschichte von Salty vorzulesen. Am Ende meinte er: „Absolut erstaunlich, oder, Coop?“ Als sei er direkt neben mir.

Die Rückblende endete. Sie schien Stunden gedauert zu haben, es kann aber nur ein Augenblick gewesen sein.

Ich hörte ein Röhren. Sah einen Blitz. Die Flanke tat mir weh. Ich war nicht tot. Noch nicht.

Ich wälzte mich, um die Flammen zu löschen, die meinen Rücken versengten.

45. Kapitel

Ein Baum hinter mir krachte auf den Boden. Funken und Asche flogen herum. Überall brannten Bäume.
Was bedeuteten die Rückblende und diese Schlaglichter auf mein Leben? Gab es eine Botschaft, und wie lautete sie? Kaum tauchte die Frage auf, wusste ich die Antwort. Wie Sirius und Bobbie war ich meinem Herrchen treu gewesen. Wie Laika und Balto hatte ich durchgehalten. Wie Salty ...
Mikes Worte fielen mir wieder ein: „Du bist doch ein besonderer Hund, Coop?" Salty führte seinen blinden Besitzer die Treppen des World Trade Center hinunter, durch Rauch und an Feuer vorbei in Sicherheit. Er musste Angst vor dem Tod gehabt haben. Ergab sich aber nicht. Tat etwas für sich und für Omar.
Ich starrte auf den Rauch und die Flammen. Es gab keinen Weg durch das Feuer, die Flammen loderten überall. Dann bemerkte ich in der Nähe eine dunkle Stelle neben einem umgestürzten Baum. Eine Erdhöhle, vielleicht angelegt von einem Murmeltier oder Dachs.
Ausnahmsweise half mir meine geringe Größe. Ein großer Hund wie Butch oder Buck hätte es nie und nimmer geschafft. Mir gelang es. Ich wand mich in die schmale Öffnung. Grub mit den Pfoten Erde heraus, um sie zu vergrößern. Innen ver-

zweigte sich der Bau zu einer Reihe breiter Tunnel. Einige verliefen seitwärts. Andere in die Tiefe. Ich grub mich so weit hinunter wie möglich.
Ein enormes Zischen erfüllte die Höhle. Eine Hitzewelle folgte. Rauch überall. Ich grub tiefer, um frische Luft zu finden. Presste meinen Körper gegen die kühle Erde. Dachte an Salty. Dachte an Mike. Die meiste Zeit wartete ich, hielt zitternd den Atem an.
Schließlich ließ das Röhren der Flammen nach. Der Rauch wurde dünner. Ich hörte ein anschwellendes Flapp-Flapp und das Brummen eines Flugzeugs. Es zischte und knallte. Plötzlich drang Wasser in den Tunnel und löschte die Flammen. Sofort verwandelte sich die Erde um mich in eine Brühe aus rotem Schlamm und Asche.
Ich konnte nicht atmen. Und nichts sehen. Als ich mich wieder aus dem Tunnel grub, spuckte ich Schlamm aus. Ich war durchnässt und verdreckt und mein Fell rostfarben. Schüttelte so viel Dreck und Feuerlöschmittel ab wie möglich. Atmete die rauchige Luft ein und starrte auf verkohlte Baumstämme, aufgeweichte Asche und himmelwärts steigende Rauchkringel.
Das Flapp-Flapp wurde lauter. Durch den Dunst erkannte ich über mir einen Helikopter, von dem ein Eimer schwang. Nach dem Abklingen des Helikopter-Geräuschs hörte ich andere. Butchs Bellen. Aufgeregte und erleichterte Schreie der beiden Männer auf dem Berggrat. Das kräftige Rauschen eines Flusses. Kreischende Räder.
Die Bahnstrecke.
So schnell ich konnte, folgte ich den Geräuschen. Vor mir sah ich die intakte Brücke über den röhrenden Fluss. Gemächlich rollte ein Zug darüber, der mit jeder Drehung der Räder Geschwindigkeit aufnahm.
Zur Brücke führte ein steiles, glitschiges Ufer. Ich rannte hin-

auf, rutschte jedoch gleich wieder zurück.
Eine Erinnerung schoss mir durch den Kopf: die Nacht, als ich mich das erste Mal zu Mike aufs Bett gesellt hatte. Das war auch eine einschüchternde Höhe gewesen. Damals nahm ich Anlauf, grub meine Pfoten in die Falten der Decke und arbeitete mich entlang der glatten Oberfläche empor.
Warum nicht hier dasselbe versuchen?
Anstatt den steilen Anstieg frontal zu attackieren, legte ich mir einen Weg zwischen Klumpen von Gestrüpp zurecht. Ich rutschte zwar immer noch, aber das Gestrüpp gab mir genügend Halt, um nach oben zu gelangen.
Auf der Brücke folgte ich dem dahin zuckelnden Zug. Ich rannte ihm nach, als der Helikopter mit einer weiteren Ladung Wasser vorbeiflog. Behielt ihn im Blick, bis der Zug beschleunigt hatte und ein Punkt am Horizont geworden war.
Wieder dachte ich an Mike, Emma und Zach. Waren sie in Sicherheit? Der Wind hatte das Feuer nach Osten geweht, weg von ihnen. Ich schaute zurück. Der Helikopter und das Flugzeug kreisten noch immer und warfen Wasser und Feuerlöschmittel ab, um den Brand zu stoppen.
Inzwischen war der Zug ganz verschwunden. Ich trottete weiter. Nach Madison. Zu Jess.
Zu Jess? Ich blieb stehen. Wo war Jess? Wie sollte ich sie finden? Madison kannte ich nicht.
Ich tat die Sorge ab. Um aufzugeben war ich zu weit gekommen, hatte zu viel ertragen. Irgendwie würde ich Jess schon finden.
Madison erschien am Horizont, eine Ansammlung winziger, an riesige Berge geschmiegter Gebäude. Jess hatte Recht. Es war schön. Friedlich. Eine sichere Zuflucht weit weg von Rick. Genau wie auf ihren Fotos.
Ich stellte mir den Moment vor. Jess am Tisch. Wir alle eng beieinander. Die Landkarte ausgebreitet. Fotos vom Haus,

der Scheune, dem Garten. Das Haus – einstöckig mit durchhängender Veranda, weiß mit verblichener grüner Einfassung. Die Scheune dahinter: schief und etwas schäbig. Ein kleiner Zaun mit fehlenden Latten begrenzte den Garten. Und Pferde. Genau, es gab auch Pferde.

„Es ist ein ruhiger Ort, direkt vor der Stadt, unweit der Eisenbahnlinie“, hatte Jess gesagt.

Ich beschleunigte ein wenig. Kam vorbei an einem Haus tief im umliegenden Wald. Keine Scheune, kein Zaun. Nicht das von Jess. Ich prüfte jedes Anwesen, an dem ich vorbeikam.

Die Stadt zeichnete sich ab, kam Schritt für Schritt näher. Hatte ich Jess verpasst? Ich zweifelte an mir selbst. Vielleicht trog mich die Erinnerung.

Noch einmal malte ich mir alles aus: Haus. Scheune. Garten. Pferde.

Ein leises Wiehern riss mich aus meinen Gedanken. Hufe trafen den Boden. Ich drehte mich um. Verborgen hinter einer Baumgruppe erkannte ich seitlich etwas Weißes. Ein einstöckiges Haus, weiß mit grüner Einfassung. Eine Scheune. Und Pferde.

Zwei Pferde hängten die Köpfe über den Zaun. Sie starrten mich mit zuckenden Ohren an. Fast konnte ich ihre Gedanken hören. *Na, endlich bist du da. Und jetzt?*

46. Kapitel

Zum Glück war Jess zu Hause. Sie fand mich vor ihrer Haustür, bellend, wie ich noch nie zuvor gebellt hatte.
„Coop? Ich habe mir solche Sorgen gemacht.“
Unter den Augen hatte sie dunkle Ringe. Ihre Kleidung war zerknittert, als hätte sie darin geschlafen. Mit zusammengekniffenen Augen betrachtete sie mich. „Du siehst ja schrecklich aus.“ Sie schaute an mir vorbei und biss sich auf die Lippe. „Wo sind die anderen?“
Ich bellte erneut. Was konnte ich sonst auch tun?
Jess rannte zum Ende der langen Einfahrt. Langsam hinkte ich ihr nach. Jess starrte die Straße hinunter, danach die Eisenbahnlinie. Als sie den Rauch in Form einer entfernten schwarzen Wolke sah, atmete sie tief durch. Ihre Schultern sanken. Sie wirbelte herum. „Was ist passiert, Coop?!
Jess hob mich hoch, trotz des Schlamms auf meinem Fell. Sie wiegte mich auf den Armen, und ihre Finger streiften die Kletten an meinem Bauch. Auf meiner Narbe verharrten sie kurz und berührten die versengte Stelle Fell dahinter. Ich zuckte und winselte. Die Wunde war noch frisch.
„Coop! Du armer Kerl!“
Jess roch an meinem Fell und rümpfte die Nase. Ihre Lippe zitterte. „Wo sind Zach und Emma? Wo ist Dad?“

Ihre Hand fuhr meinen Nacken entlang. „Was ist das denn?"
Die Ohrhörer und die Nachricht hatte ich fast vergessen. Jess' Finger zitterten beim Losbinden des verdreckten Blattes. „Von Zach", sagte sie und las die Nachricht.
Sie schaute erneut die Eisenbahnlinie hinunter. „Komm, Coop. Zeig's mir."
Die Pferde wieherten, als nähmen sie an dem Gespräch teil. *Ja-a, Coop. Zeig's ihr.*
Wir sprangen ins Auto und rasten die Straße entlang, ich auf dem Beifahrersitz, Jess am Steuer. Sie wischte sich eine kleine Träne ab und biss die Zähne zusammen. „Suchen wir sie."
Jess fuhr wie Mike, den Fuß deutlich öfter auf dem Gaspedal als auf der Bremse. Wir bretterten die Schotterstraße hinunter und wirbelten viel Staub auf. Steinchen klapperten gegen den Unterboden, als wir über Furchen holperten und eilig Kurven nahmen.
Jess schaute kurz auf die Ohrhörer und Zachs Nachricht. Sie bog scharf auf eine schmale asphaltierte Straße. Nach einigen Meilen bog sie wieder ab. Wir rasten eine noch schmalere und holprigere Straße entlang. Mit den Pfoten klammerte ich mich an der Tür fest und erkannte die vorbeiziehende Landschaft. Bäume. Felsen. Ein breiter und rauschender Fluss, der der Straße zu folgen schien.
Wir ruckelten über aufgeworfene Stellen im Asphalt und Jess zählte laut: „Meile 10 ... Meile 11 ..." Erneut sah sie auf Zachs Nachricht. „Wir suchen Meile 15."
Ich bellte, begierig zu helfen. Als Jess anhielt, bellte ich lauter. „Meile 15." Jess zeigte auf das Schild neben der Straße. „Ist es hier, Coop?"
Reifenspuren in der Erde führten zum Wasser hinab. Sie trafen auf die Felsen am Ufer und verschwanden dann. Ich bellte noch einmal. *Ja. Hier ist es.*
Jess starrte über den Fluss auf den dichten Wald dahinter. Sie

holte ihr Smartphone hervor. „Bist du sicher, Coop?“
Jess lief das Ufer entlang. Sie schrie: „Zach! Emma! Dad!“ Doch die Stromschnellen übertönten ihre Stimme.
Nach langem Warten traf mit heulenden Sirenen und Blaulicht Polizei ein. Danach die Feuerwehr. An Seilen und Gurten überquerten sie den Fluss. Vom Ufer aus beobachtete ich, wie sie sich durch den Wald auf der anderen Seite schlängelten. Quälende Minuten später hörte man eine Trillerpfeife und lautes Rufen.
„Hier sind sie!“
Im Gegensatz zu Jess verstand ich nicht so recht, was folgte. Das sah ich in ihren Augen. Hörte es in ihrer Stimme. Und ich roch es. Roch ihre Erleichterung. Ihre Traurigkeit.
Nachdem Rettungskräfte Emma in Sicherheit gebracht hatten, umarmte Jess sie fest und wischte ihr die Tränen ab. Zach kam als nächster. Auch ihn umarmte Jess. Zach erwiderte es, und seine Hände zitterten. Selbst Lucinda erhielt eine Umarmung, als sie mit weit aufgerissenen Augen an einen Feuerwehrmann geklammert kam.
Ich umkreiste Zach und Emma und stupste ihre Beine an, um meine eigene Freude zu zeigen.
Zach beugte sich herunter und tätschelte mich. „Coop, du hast es wirklich geschafft. Ich wusste es.“ Eine Träne rann ihm über die Wange. Zach wischte sie ab. „Er wäre so stolz auf dich.“
Zach schaute über den Fluss. Dann zu Jess. Ich folgte seinem Blick.
Jess sprach mit einem Feuerwehrmann. Der Mann nahm seinen Helm ab. Beugte den Kopf. Jess stöhnte auf. Schlug die Hand vor den Mund. „Nein!“, schrie sie.

47. Kapitel

Hunde dürfen eigentlich nicht zu Begräbnissen. Das sagte der Bestattungsunternehmer zu Jess, doch sie bestand darauf, und er gab schließlich nach. „Okay, der Hund darf kommen, aber nur auf den Friedhof, ja?“

Mike hätte sich nichts Aufwändiges gewünscht, und Jess wollte bestimmt nicht, dass Rick etwas mitkriegte, also war es eine schlichte Angelegenheit im kleinen Kreis. Sophie war da. Als sie mich sah, lächelte sie schwach.

„Du wirst ihn vermissen, oder?“ Sie tätschelte mir den Kopf. Seltsam. Ich wollte sie anbellen, ihr sogar in die Hand beißen. Manche Beleidigungen vergisst man nicht. Doch ich riss mich zusammen. Ließ Sophie mein Fell verstrubbeln. Hier ging es um Mike, nicht um mich. Das war ich ihm schuldig und noch so viel mehr.

Mike wurde zwischen Eva und Johnny begraben, was ich richtig fand. Jess schniefte während des Gottesdiensts am Grab und tupfte sich die Augen mit einem Taschentuch ab. Emma klammerte sich an ihre Mutter. Zach stand neben Jess, einen Arm um sie gelegt und mit der anderen Hand meine Leine haltend.

Die meiste Zeit riss ich mich zusammen. Zach auch. Es war ein schöner Tag für ein Begräbnis, sonnig und warm, aber nicht zu heiß. Eine leichte Brise raschelte tröstlich in den Bäumen. Fast schien es, als sei Mike da und atme im Einklang mit dem Wind ein und aus.

Ich dachte an Mike, wie er sich auf das hier vorbereitet hatte, wie sehr er Eva vermisste, wie lange er von Johnny getrennt war. War er jetzt bei ihnen? Ich glaubte es, doch was wusste ich schon? Ich bin nur ein Hund.

Als die anderen gingen, blieb ich zurück. Nur noch Zach war bei mir. Er schien zu wissen, was ich wollte und brauchte. Vielleicht brauchte er es selbst auch. Er band mich los.

„Mach schon, Coop. Ist okay."

Ich weiß nicht warum, aber in diesem Augenblick dachte ich an Butch und Ted. Butch verließ sein Herrchen nicht, selbst als er die Gelegenheit dazu erhielt. Er blieb bei Ted, treu bis ans Ende.

Ein letztes Mal legte ich mich auf die Erde neben Mike.

Ich winselte. Dann jaulte ich.

Zach ließ mich lange so.

48. Kapitel

Nach der Beerdigung veränderte sich alles. Jess verkaufte Mikes Haus. Wir blieben dort, reinigten und sichteten Mikes Sachen, bevor die neuen Besitzer einzogen. Ich befürchtete, Rick könne kommen. Aber er ließ sich nicht blicken. Anscheinend wusste er nicht, dass Mike gestorben war und Jess mit den Kindern nach Madison zog. Ich stellte ihn mir immer noch in seinem Auto vor, wie er dem Lkw mit Zachs Smartphone darin folgte, über endlose Highways, die nirgendwohin führten.

Jess sortierte Mikes Hinterlassenschaft in Haufen, einige für sich zum Behalten, andere zum Verkauf bei der Haushaltsauflösung, wieder andere zum Spenden oder Wegwerfen. Zach und Emma halfen – auf ihre Weise. Sie ließen sich leicht ablenken, Zach von Spielen auf dem neuen Smartphone, das Jess ihm gekauft hatte, Emma von Lucinda, die aufgrund ihrer zahlreichen Fluchtversuche Gewicht zu verlieren schien.

An allem hingen die Erinnerungen an Mike. Immer wieder erwischte ich Jess dabei, wie sie dastand und auf einen Gegenstand in ihrer Hand starrte. „Hab ich euch je erzählt ...“, sagte sie zu den Kindern. Dann hielt sie lächelnd inne. Legte den Gegenstand vorsichtig hin und nahm einen anderen. „Ich

weiß noch, als ...“, begann sie von Neuem.
Was Jess behielt und was nicht, verwirrte mich. Sie behielt die Teekanne mit dem Sprung darin, die Mike jeden Tag benutzt hatte, gab aber den Wasserkocher weg. Sie behielt die gerahmten Bilder und verkaufte den Nachttisch, auf dem sie gestanden hatten. Sie ging die Bücher in Mikes Zimmer durch, seufzte und packte sie in Kisten für Madison, doch sie ließ das schwere Regal stehen, das eine ganze Wand einnahm. Jess behielt auch viele von Mikes Werkzeugen. „Die könnten noch von Nutzen sein“, erklärte sie Zach.
Zach nickte, obwohl er seine Mutter vielleicht gar nicht richtig hörte. Er war still, oft abwesend, was ich verstand. Es braucht Zeit, einen Schock zu verarbeiten, tiefe Wunden verheilen zu lassen, und obwohl Zach und Emma beide psychologische Betreuung erhielten, schien vor allem Zach eine schwere Last zu tragen. Ich denke, er machte sich Vorwürfe, Mike nicht genug geholfen zu haben, irgendwie für seinen Tod verantwortlich zu sein.
Das wusste ich besser. Wenn jemand schuld war, dann ich. Ich hatte versagt. Nicht rechtzeitig Hilfe für Mike gebracht. Mike hatte mich gerettet, aber ich konnte ihn nicht retten, und diese Last musste ich nun tragen.
Doch selbst das stimmte nicht so richtig. Wäre Mike da, hätte er es klargestellt. Ganz bestimmt. „Niemand ist schuld“, hätte er mit seiner vertrauten rauen Stimme gesagt. „Meine Zeit war einfach abgelaufen.“

Eines Nachmittags, bald nach der Beerdigung, breitete Zach meine Decke auf dem Küchenboden aus.
„Schau, die hab ich für dich gerettet.“ Er strich ihre Ecken glatt.
Ich umkreiste sie, erschnupperte die vertrauten Gerüche, betrachtete die vertrauten Flecken, vor allem das Brandloch.

Die Decke wirkte weniger einladend als früher. Als ob ich sie nicht mehr so nötig hatte. Ohne sie klarkam.
„Mach schon, Coop“, verlangte Zach.
Ich setzte mich neben die Decke und starrte auf die Spüle, vor der Mike gestanden hatte, die Tür, durch die er immer hereinkam, den Tisch, an dem er jeden Morgen saß, um seinen Blutdruck zu messen. An das alles erinnerte ich mich. Auch ohne die Decke.
Zach verstand. Er faltete sie zusammen und legte sie mit einem Dutzend anderer Dinge in einen Karton für die Mülldeponie.
„Das hätten wir“, meinte er.

Am Morgen, bevor die neuen Eigentümer kamen, rumpelte ein Umzugswagen in die Einfahrt. Während zwei Männer Kisten und Möbel einluden, nahmen Zach und Emma mich auf einen Spaziergang mit. Wir schlenderten die Straßen entlang, am asiatischen Restaurant mit seinen verlockenden Düften vorbei, an der Feuerwache mit der wehenden Fahne, am leeren Schulhof. Bald waren wir an dem dicht befahrenen Highway.
„Weißt du den Weg zurück?“, fragte Emma.
„Klar doch“, antwortete Zach.
„Hast du schon mal behauptet.“
„Ich erinnere mich.“
Ich auch. Dieses Mal war es anders. So viel war geschehen. Ich hatte mich verändert. Die anderen auch, vor allem Zach. Er schrie oder fluchte kaum noch. Wirkte selbstsicher und reifer. Er hatte begonnen, seine Zitronen in Limonade zu verwandeln.
Als wir zurückkamen, war der Umzugswagen weg. Jess stellte ein paar Pflanzen ins Auto und betrachtete das Haus ein letztes Mal mit etwas Abstand.

„Das wär's dann", drehte sie sich um. „Komm, Coop."
Sie öffnete die Autotür. Half mir hinein, während Zach und Emma sich nach hinten setzten, links und rechts von Lucindas Käfig.
Beim Verlassen der Einfahrt kam mir ein seltsamer Gedanke. Wo fuhren wir hin? *Bitte nicht zum Tierheim*, betete ich.

Tags drauf erreichten wir weit nach Mitternacht Jess' Einfahrt. Der Umzugswagen war bereits dagewesen. Jess und die Kinder luden das Auto aus, ich umkreiste den Garten und pinkelte auf sorgfältig ausgewählte Stellen.
Nach der langen Fahrt genoss ich die frische Luft. Untersuchte jeden Fleck und jede Ecke. Genoss die in der Erde steckenden Gerüche. Jeder erzählte mir von früheren Besuchern: dem Hirsch, der am Gestrüpp gekaut hatte, den Mäusen, die davongerannt waren, den vorbeidonnernden Pferden.
Dort draußen hätte ich ewig bleiben können. Es herrschte Ruhe und Frieden. Ich schaute hoch. Mehr Sterne als in der Stadt. Sie wirkten auch größer und heller, wie Scheinwerfer, statt der sonstigen kleinen Glühbirnen.
Aus dem Augenwinkel sah ich etwas aufblitzen, die Spur einer Bewegung. Ein beleuchtetes Ding schwebte am Himmel entlang, beschrieb im Dunklen einen Bogen.
Ich hielt den Atem an. Laika. War sie das? Immer noch dabei, die Erde zu umkreisen? Das konnte nicht sein. Vielleicht war es ein Meteorit, ich folgte trotzdem seiner Bewegung. Bei einem Sternbild schien er kurz zu stoppen. Ich blickte genauer hin. Dieses Sternbild hatte ich noch nie bemerkt. Drei Sterne. Zwei große mit einem kleinen dazwischen.
„Coop, komm her", hörte ich Zach rufen. „Ich zeig dir was."
Ich folgte ihm ums Haus herum. Im Schatten des Sternenlichts wartete eine Bank. Mikes Bank. Zach setzte sich und

winkte mich heran. Er ließ die Hand fallen und kraulte meine Ohren. „Schau." Er deutete nach vorn.

In der Dunkelheit zeichnete sich eine Form ab. Eine große Kugel aus bearbeitetem Metall stand auf einem Steinfundament. Mikes Kugel.

„Sie wartet immer auf dich."

Ich beugte mich vor, um besser zu sehen. Im Inneren der Kugel standen vier vertraute Figuren: eine Frau, ein großer Mann mit dem Arm um sie und vorne zwei kleine Kinder, ein Junge und ein Mädchen.

Ich blickte noch einmal hin. Etwas war anders. Drinnen gab es eine fünfte Figur. Mikes letztes Werk. Der Hund, der aussah wie ich – langgestreckter Körper, Schlappohren, dünner Schwanz mit einer Narbe am Hinterteil und einem schwebenden Stern über seinem Kopf.

Die fünf Gestalten wirkten glücklich und zufrieden, als gehöre ihnen die Welt und alles wäre möglich.

Mikes Worte fielen mir ein: „Die Vergangenheit können wir nicht mehr ändern. Wir müssen nach vorne schauen."

„Willkommen daheim", sagte Zach.

ENDE

Nachwort

Warum ein Buch über einen Hund schreiben, das von einem Hund erzählt wird? Das wurde ich oft gefragt. Und ich habe mir selbst diese Frage auch gestellt. Ja, warum? Und warum ausgerechnet ein Dackel?

Die Antwort liegt zum Teil entlang des Gateway Trail, einem zerklüfteten Wanderweg voller Felsbrocken im McDowell-Naturpark bei Scottsdale, Arizona. Der Gateway Trail ist eine meiner Lieblingstouren, nicht nur wegen seiner spektakulären Schroffheit, sondern weil man dort immer auch Hunde trifft, die von ihren menschlichen Gefährten ausgeführt werden. Wochenenden sind besonders beliebt bei Teams, die aus Hund und Mensch bestehen. Für Hundebeobachter wie mich ist das nicht nur unterhaltsam, sondern auch inspirierend. Hunde aller Formen, Größen und Rassen absolvieren die Tour. Wenn sie das schaffen, warum nicht auch ich?

Eines Samstags sah ich einen Dackel beim Startpunkt. Er trug einen grünen Pullover und war per Leine mit einem jungen Mann verbunden. Auf dem Gateway Trail hatte ich noch nie einen Dackel gesehen, und dieser Hund wirkte besonders begierig darauf loszulaufen. Ich dachte an die Herausforderungen, die ihm bevorstanden: den steilen Anstieg, die lange Strecke für seine kurzen Beine und die scharfen Steine, die seine Pfoten verletzen könnten. Ich dachte an die Widerstandskraft, die der Hund zeigen müsste, die Stärke und Entschlossenheit, die man für eine Klettertour mit einem derartigen Körperbau bräuchte.

Als Jo und ich uns in der Mitte der Strecke eine Pause gönnten, bemerkte ich den jungen Mann, der mit seinem Rucksack auf der Schulter nach oben stieg. Den Dackel konnte ich nicht sehen. Hatte er aufgegeben? Ließ ihn der junge Mann zurück? Als er an uns vorbeikam, wurden meine Fragen beantwortet. Aus dem Rucksack lugte der Dackel, dessen Ohren bei jedem Schritt des jungen Mannes hin und her schwangen. Wenn Hunde lächeln können, schwöre ich, dass dieser lächelte. Schaut, schien er zu sagen: Viele Wege führen nach Rom.

Die Geschichte eines kleinen Hundes mit einer zynischen Seite, der sich Herausforderungen stellt, wurde an jenem Tag geboren. Meine Hauptfigur konnte nur ein Dackel sein. Und wer vermochte seine Geschichte besser zu erzählen als er selbst?

Ich habe vielen Leuten zu danken, die mir beim Schreiben dieses Buches halfen. Zuerst und vor allem der Familie und den Freunden, die mir beistanden und mich während des langen Prozesses ermutigten. Ihr habt mich gestützt, wenn ich stolperte, und habt mir Mut zugesprochen, wenn ich an meinem Thema zweifelte.

Außerdem bin ich meiner Schreibgruppe „The Anita Factor“ zu Dank verpflichtet, die Vorschläge machte, wichtige Fragen stellte und mich beriet, wenn ich schwächelte: Christina Janz, Deborah Froese, Gabriele Goldstone, Jodi Carmichael, MaryLou Driedger, Melanie Matheson, Melinda Friesen, Pat Trottier und Suzanne Goulden.

Obwohl das Tierheim in Derby fiktiv ist, basiert seine Beschreibung größtenteils auf meinen Besuchen im Foothills Animal Rescue-Center in Scottsdale, Arizona. Ich schulde all

den freundlichen Menschen dort Dank, die meine Fragen beantworteten und mich herumführten.
Dank schulde ich genauso dem Expertenteam von Great Plains Publications, das die Geschichte für aussichtsreich hielt und mir über die Ziellinie half: Catharina de Bakker, Stephanie Berrington und Mel Marginet.
Hunde spielten eine wichtige Rolle in meinem Leben. Beim Schreiben schienen sie irgendwie an meiner Seite zu sein, mir Zeilen zu soufflieren und die Hand zu führen. Coop ist aus ihnen allen zusammengesetzt, daher danke ich Benji, Bernie, Freckles, Roxy, Lilah, Hayley und Molly nicht nur für das großzügig zur Verfügung gestellte Material, sondern auch für die Freude, die sie in mein Leben brachten.
Und schließlich wäre da Jo, meine Frau, die mich auf der Tour begleitete, die die Geschichte inspirierte, und mich unterstützte, wenn ich beim Schreiben ins Straucheln kam. Ich kann ehrlich sagen: „Ohne dich hätte ich es nicht geschafft!“ Danke, Jo.

Audren
MEIN HUND IST RASSIST
ISBN 978-3-95878-017-0

Eine ebenso amüsante wie hintergründige Geschichte über kleine Hunde, erste Liebe, Rassismus und mutige Stuntfrauen.

Sanna Seven Deers
DIE BUCHT DER OTTER
BEAVER CREEK RANCH Bd. 7
ISBN 978-3-99878-035-4

Ein neues Abenteuer der Familie Yellow Eagle
in Kanada

Thilo Reffert
NINA UND PAUL
ISBN 978-3-931081-94-2

Ein Buch über Freundschaft, Vertrauen und erste Liebe aus unterschiedlichen Perspektiven.

Thilo Reffert
AUSTRALIEN, ICH KOMME!
ISBN 978-3-931081-82-9

„Australien, ich komme!" ist eine rasantes Road-Movie mit einem reisenden Wombat und eine witzige, anrührende Parabel darüber, dass man im Leben alles erreichen kann, wenn man nur daran gaubt!

We acknowledge the support of the Canada Council for the Arts.

Canada Council for the Arts Conseil des arts du Canada

Der Verlag dankt dem Canada Council for the Arts für die Unterstützung bei der Übersetzung dieses Werkes.

COOP, DER HELD
Titel des Originals: *Coop the Great*

Die Originalausgabe ist bei Yellow Dog/Great Plains Publications, Kanada, erschienen.

Übersetzung aus dem Englischen: Michael Raab

Umschlagbild und Vignetten: Annika Thamm
Satz: Little Tiger Verlag GmbH, Gifkendorf
Druck und Einband: Beltz Bad Langensalza GmbH, Bad Langensalza
1. Auflage, Gifkendorf 2021
Little Tiger Verlag

ISBN 978-3-95878-042-2
www.little-tiger.de